I would like to dedicate this book to the following people:

To my wife, Johnann, for constancy to my work and her support.
Nicole and John Henry Rodgers for their strength of character.
My youngest grandchildren, Joel Robertson, Luke and Natalie Rodgers, and little Robyn in the rain.
To Samuel Lee, the great singer from London; Sara Reith, my PhD student; and all the staff and students of The Elphinstone Institute, Aberdeen University, for their encouragement always.

CONTENTS

INTRODUCTION

Many books and articles have been written on the life of the Gypsies and the Roma culture but comparatively very little on the Traveller culture. Many academics have written doctorates on the subject by focusing in on perhaps one individual Traveller. Then who better to tell you about the Travelling way of life but the Travelling people themselves? Having been brought up in a family of old traditional Travellers, I consider myself as an expert on their culture, lore, superstitions, habits and way of life.

The Travelling people are indeed indigenous to Scotland and are probably remnants of a Pictish tribe who were metal workers and followed the various battling factions, making their weapons. Thus they became metal workers and kept plying their trades for centuries. During my childhood days the men used to mend pots and pans, make pokers and jockey sticks and sometimes shoed their own horses. They were a very family-orientated people and passed down skills from fathers to sons and mothers to daughters. Skills like making pegs and scrubbers and perfumes were all crafted down in families along with the ancient art of storytelling, ballad singing and music. Diddling and languages have all been handed down with love, through the oral traditions, through the carrying stream of time, so that the work they preserved can be enjoyed by the non-Travelling people of Scotland as well.

The Travelling people have always been despised by outsiders who mistrusted them because of their private way of living and strange languages. During the 1400s, the king of Scotland put out a decree that all Gypsies should leave his kingdom or face death. This royal edict also applied to the ancient Travellers, Jews and vagabonds and it caused the death of many a poor Traveller and Gypsy. In ballads like 'Macpherson's Rant', the poor unfortunate man was hanged because he was a Traveller. The laws of Little Egypt were in place for his death and the people put the clock forward by fifteen minutes so he would miss the reprieve coming over the Bridge of Banff.

This evil prejudice lasted for centuries and even as late as the 1950s there was a stigma attached to being a Traveller. Many young Travellers gave up their language to become more liked and accepted by the non-Travelling population.

Hamish Henderson, who was one of the greatest men of the twentieth century, came in amongst the Travelling people and became one of their champions. He discovered that my aunt, Jeannie Robertson, was a wonderful ancient-ballad singer and he introduced her along with many other singers and musicians from the Travelling race to the rest of the world. This new innovation raised and elevated the Travelling people to a greater height and they were able to perform in public to great acclaim.

Today there are many Travellers who are acclaimed writers, singers and musicians. They are much sought after for their talents, both internationally and in Britain. We owe a debt of gratitude to Hamish Henderson and some others who recognised the talents of the Travellers.

In my book *Reek Roon a Camp Fire*, I try to take my readers on a journey of exploration and to introduce them to the storytelling frequently performed by Travellers around the fire. I have fused together the old languages to make one ancient language.

I worked for forty-seven years as a filleter in the fish trade because I had no academic qualifications whatsoever and the fish trade was the only thing available. It was a useless, thankless trade and the only respite I had was knowing that Christ's chief apostles were fish workers. Yet at the age of twenty-nine, I was discovered as a ballad singer and I was booked at festivals all over America. At thirty-five I was discovered as a storyteller by Barbara McDermitt from the School of Scottish Studies and I was booked for many story festivals in Europe, Britain, America and Canada. At fifty-five I wrote my first book, *Exodus to Alford*, followed by six others and dozens of anthologies and poems. I have won BBC prizes and written some religious scripts for their children's programmes. I have also written a couple of big plays which have been performed on the stage.

My greatest achievement came by means of Dr Ian Russell of The Elphinstone Institute who recognised my talents and employed me to work at the head of the Scottish Traveller Project for three years. During that time I visited over 600 schools in the North-east to raise awareness of the Travelling culture.

I am thoroughly enjoying sharing my culture with others. The best way to help people understand about the Travelling people is by sharing the lives, stories and songs of my people. We can break down the evil barrier of ignorance and prejudice and bring to folks an awareness that we are aa Jock Tamson's bairns.

1

REEK ROON A CAMP FIRE

Jist whin the Second World War ended, my faither wha hid fecht in baith World Wars decided tae tak us aa oot tae the Waa Steedings at Dess on the Royal Deeside. There were a few families wi us and mi faither hid a contract tae gaither in the flax hairvest so wi aa laboured intae the fields on the Deeside and the Donside. We hid a contract for the cranberries as well and it wis maistly the women fowk wha done that work and the bairns helped them.

The Waa Steedings at Dess wis a really barrie place tae camp cos it wis a lonely road wi jist an occasional cheribang wi tourists stopping tae get their fortunes read. Mi mither used tae mak a lot o lowdy cos she hid the gift o the fay. It wis ideal cos wi hid a fine spring wallie jist aboot half a mile awa on tap o the hill and een o my chores wis tae get the waater in the morning. The royal railway line ran alongside oor encampment. Mi auntie, Jeannie Robertson, wis camped as weel wi her daughter Lizzie Higgins and Donald and Isaac Higgins. These lads were baith champion pipers and we were entertained every nicht wi aa kinds o pipe tunes. There were twa wee bonnie burns on each side o the camp wi nice clear monteclara rinning. We were only allowed tae wash weersels intae the burns but on no account wid we sluch frae it. Ye could wash claes and bile yer dishes frae it but never cook wi it.

The glimmer wis aye fueled wi broom and it emitted a barrie savor. Scientists say that burning broom gives aff a mild narcotic and that wis the reason why the Traivellers were sic braw storytellers. Perhaps we were likened untae the Oracle o Delphi. Onywye it wis a pefect place in the lang warm simmer months for tae gaither in the blaw and tae hae really wonderful ceilidhs. The thing wis that everybody there wis a champion instrumentalist like Albert Stewart on the fiddle and Jimsie on the accordion, and aa the great singers and tellers o tales contributed tae the occasion.

An auld gadgie nicknamed the Meldrum Brews wint tae tell a story especially for the kenchins and it wis a ghostie kind o tale. The Deeside railway line ran adjacent tae the camps. A pluchie country lad hid hung himsel jist behind the Waa Steedings and it wis supposed tae be a haunted place so they telt ye nae tae get lost gandering aboot the fields.

Paddy at the railway, picking up steens,
And by came an engine and knocked Paddy's beens.
'Oh!' said Paddy, 'That's nae fair!'
'Oh!' said the engine man, 'Ye shouldnae be there!'

The Meldrum Brews started aff his tale wi the warning for the bairns nae tae play on the railway line and then he proceeded tae tell us a tale aboot Death.

AULD AIPRIL

Auld Aipril wis weel in her eighties and she hid bin a domestic in a big bean rannie keir aa her days and whin she retired at the golden age o seventy five she wint tae bide intae a sma village. She kept herself very much tae herself and she got her provisions delivered tae her wee cane jist outside o the village and she became a bit o a recluse. She didnae entertain ony visitors tae her hoose and she had a little opening under her door wi enough room for the shop laddie tae pit her weekly rations intae and she hid absolutely nae dealing wi fowks. Her reason was that she teen an awfie fear o Death, and it wis like a xenophobia, so she thocht that if she didnae open her door tae people then Death widnae get intae her hoose. Auld Aipril wis fair adamant that he widnae get invited intae her hoose without a fecht.

It wis in the end o November term, that aye day, a knock came tae her jigger and Auld Aipril keeked though a wee crevice tae see wha wis at her jigger and she deeked a young Traiveller lassie wi a basket o widden flooers upon herself and she wis cadging roon the hantel's jiggers tae sell some o her flooers tae decorate the vases o the country hantel. This quinie wis attired very scantily and didnae hae a coat and her sheen wis like peeps o daylight wi the sole laughing on the left techie and she looked sae pale and sae scanty.

'Wid ye like tae buy some o mi bonnie widden flooers?' she politely asked the auld manashee.

'Nae thank ye, lass, and get awa frae mi jigger and dinnae come back cos ye might bring in Death tae mi hoose.'

'Nae fear o that mi dear cos I am sae cauld, weary and hungry that I can hardly stand masel!'

3

The lassie faaed doon in a heap in front o the cane and Auld Aipril quickly opened her door and dragged the lassie in and pit her intae a warm kip and she nursed her back tae health and the lassie stayed a lang time wi Auld Aipril and they became great friends. She used tae cook, clean and skivvie for the auld woman and the auld woman gave her board and lodgings in return but she wis never allowed tae let onybody intae the hoose in case she might let in Death.

Noo the lang coorse winter passed and the hoose wis smelling a wee bittie cos there wis never ony fresh air allowed intae the hoose and the lass wisnae even allowed tae open a windae. Then one fine early spring morning, the sun wis shining gloriously and the wild spring anemones and speedwell and spring daisies showed a beautiful and spectacular display of floribunda and the lassie shouted tae Auld Aipril, 'Come and deek at Nesmore Nature's show and it is fantastic! It wid be nice for us tae gang oot and jist enjoy the fine spring weather and the aromatic scent o the flooers. We baith need tae fill weer lungs wi fresh air and get awa frae the stuffie smelling hoose.'

But Aipril wis trash tae gang outside o the safety o her ain jigger. 'Death will come for me this day if I gang oot the hoose!'

'Dinnae be a silly auld woman cos there's nae Death outside but there's life o the best kind and it is spring and everything is made anew and revived again wi a new lease o life. Weel, I am outside and there's nae Death near me so dinnae be feart and jist come outside and luxuriate in the new breath o spring and sit wi me upon her cairpet and we can enjoy each ither's company cos ye ken me very weel by noo.'

The lassie's constant coaching paid aff and at last Auld Aipril teen the bull by the horns and she ventured oot the cane and her lungs filled wi the finest fresh air that she ever breathed and the twa sat doon and shared food wi each ither and the lassie said that she wid be leaving tae jine her fowks wha were camped a few miles awa.

'Weel, Aipril, that wisnae as bad as ye thocht it wid be.'

'No, I am jist glad that I came oot wi ye.'

'Weel, ye hae deen it and it wisnae as fearsome as ye imagined it.'

'I am still feart that Death will come tae lay his evil hand upon mi.'

'Weel, ye dinnae hae tae be frightened ony mair cos it is aa ower noo for ye.'

'Whit dae ye mean?' she asked the lassie.

'Weel, ye passed ower the veil lang syne and ye still widnae accept that Death hid teen ye.'

'I dinnae ken whit ye mean, lassie!'

'Ye are deid, Auld Aipril, and ye hinnae quite made the transition yet. Ye are deen wi yer earthly experience but ye dinnae realise that and ye still think that ye are biding in yer ain cane but ye really are nae cos ye are deid.'

'Na, I am nae deid, cos I am very much alive and I am oot here enjoying life in the sun and I hae never felt sae weel in aa mi life.'

'Aipril, ye are gone frae earth and ye are wi me on the borders o paradise and ye feel nae pain cos ye dinnae hae an earthly body noo and yer spiritual body is noo whit ye are weering.'

'Weel if I am deid, when did I pass ower?'

'Ye died, Aipril, in the end o November term and ye died the moment that ye teen mi intae yer ain cane, but I wis Death but I kent fu trash ye were o mi, so I made it easy for ye tae realise that ye were no langer in the land o the living. Noo, I will tak ye and get ye welcomed intae paradise and meet up wi aa yer auld freens that hae gone there before ye and there's nae pain, sorrow or hunger there but wi aa live in perfect peace and harmony and wi get tae work at things wi really like tae dae so come, Aipril, gie mi yer fammel and I will take ye intae beyond the veil o tears.'

Auld Aipril gaed her hand and she ventured through tae the place whar she should hae gone before but Death hid pity on her distress and he made it very easy for her tae pass ower the brink.

Auld Travellers used tae say that a lot o deid fowks gang aboot the earth but they hae got lost and dinnae realise they are deid and they jist gang aboot near their loved ones and they dae the same things in their sphere as they did in life until the greater light comes tae tak them awa tae whar they should be in paradise. ∽

The Meldrum Brews then said, 'Listen tae the wisdom o these auld tales and tak the warning that his been handed doon by the oral tradition.'

Jeannie Robertson wis a diva amongst oor fowk and of course she aye commanded complete silence as she performed and she wid mak the hair in yer heid stand up and pit shivers doon yer spine. Ye jist kent that she hid the Maisie. Even we bairns participated in the celebration o the nicht. Mi faither, Wullie Robertson, wis a guid singer, in fact every one o them could chant like a lintie. The Whytes were smashing singers and sae were the Stewarts and Robertsons but my favourite wis whin the seanachies telt their tales at the end o the nicht and ye wid gang tae slum in yer kip wi the great tales floating in yer mind.

There were times in yer bed whin some o the women fowks wid tell ye stories in yer camp tae help ye sleep. Ye got hunders o great muckle Jack tales, fairy tales and, best o aa, the supernatural stories. It wis a complete learning centre better than ony school or college I ever wint tae. Later on, as I progress wi my story, I wid share wi ye some o the methods that the auld Traivellers used te educate the kenchin, cos wi got nae formal squealing. Very few o them could levich or screevich but they were super-wise, like auld-fashioned philosophers. I never forgot their teachings which I personally used tae teach wi their auld wyes tae my students at Aiberdeen University. Aa the knowledge I ever aquired wis through the media o the Traivellers.

The beauty o the place wis unsurpassed in splendid grandeur and the smell o the different trees and herbs remained wi ye aa yer life and brings tae mind happy nostalgic recollections of former happy times. For leisure wi hid the music and sangs but also wi were near the River Dee and wi could gang oot pearl-fishing. Noo that wis terrific and mony's a bonnie pearl I hae found alang wi dozens o adventures associated wi the hale pearl-fishing culture.

The year wis 1946 and I wis sax years o age but the powerful experiences that I underwent remain wi me as if it were yesterday.

2

PEARL-FISHING

There wis naething mair relaxing than tae gang pearl-fishing on a fine simmer's nicht wi the ither Traiveller laddies. We aa hid oor ain pearl-fishing joogs and they were made oot o an auld yerim joog and wi wid cut aff the bottom bit wi a tin opener and then cut a bittie glaiss and join it on wi catoline paste and leave it aa nicht tae harden. Ye used the same joog for years. The ither thing ye needed wis a guid picking-up, forked birk stick and ye made that yersel as weel. Ye wid cut a young, sappy birk branch and split it at the top end as if ye were makking claes pegs and then test it wi yer fammels tae se if it was ticht enough tae tak up shells.

Usually the best places tae pearl-fish were on the quiet, still, sandy bends o the river and we kent aa the usually guid places tae gang. Whin ye wint intae the waater ye hid tae be careful nae tae faa intae a deep pool. Whit a rare thrill it is tae discover a bed o mussels and whin ye got some wi runs and crooks that wis a sign o a guid shell. Being a big shell didnae mean that there wis a fine pearl in it and sometimes a wee scabby shell can unfold a barrie pearl inside. The bonniest pearl that I got as a loon wis a salmon-pink teardrop jewel which I mounted ontae a ring and I got thirty hogsticks frae mi sister Janet for it and I fair thocht I wis Airchie. Many Travellers used tae tell great stories aboot their pearl-fishing experiences.

Mi nescal used tae tell me a story aboot jist aifter the First World War when he got a beauty o a pearl oot o the River Don at Monymusk Bridge. Noo, my faither wis the champion sweemmer o the 51st Highland Division and also the lifeguard for the swimming pools at Bon Accord and the Beach in Aiberdeen. He dived deep doon intae a black pool and he got a perfectly roon white pearl and he teen it aa the wye doon tae sell tae a man in Brechin and he got twenty-five rege for it and that wis an awfie lot o money back in that days.

Pearls came in aa shapes and sizes but the white roon eens were the maist valuable. The broon pearls were maist common but of nae worth. Black pearls were valuable but classed as aw-fie unlucky tae handle cos they were considered as the Devil's pearl. I never heard o ony accidents o my hantel but I dae remember a time gan intae the Dee at Invercannie and I deeked upon a high stane a creature that wis pure white in colour and it hid a pair o reid een upon it. It deeked as if it wis slumming but it wis aboot three feet lang coiled roon like a serpent. I cried ower at my faither and he telt mi tae get oot richt awa cos he said it wis a man keeper and that it wis a shan beastie tae mess aroon wi.

Ither lads telt stories o water kelpies and ither denizens that wid pit the fear o death intae ye. Creepy tales or no it never pit ye aff o gan pearl-fishing. I didnae like the queer smell that came aff the mussels and ye smelt it for ages ontae yer fammels and it used tae scunner me aff my habin. Ye didnae eat freshwaater mussels but some o the hotels used them as a kind o delicacy but according tae some hantel they were teugh and rubbery.

One o the lassies, wha's name wis Molina, wint oot to get some o the bairns that went pearl-fishing in a nearby shallow river and she found a big shell on the girse in the bank where they hid bin pearl-fishing. Molina picked it up and pit it in her lap bag and whin she came hame she opened it up and tae her great surprise there wis a big black pearl inside it. Black pearls were very valuable but considered very unlucky cos they are the Devil's pearls. She showed it tae Auld Maisie wha telt her tae get rid o it richt awa or ill luck wid faa upon the hale encampment. Maisie, being a dealing woman, offered her five rege for it cos she kent somebody wha dealt in the black airt wid gie twenty pounds for it.

Molina teen the five rege for it so that the ill luck widnae faa upon hersel but if Maisie selt it that nicht, then it wid be oot o the camp awa frae aa the Traivellers. That evening Maisie selt it for twenty rege tae an auld spey wife wha used tae dabble intae the black airt. Her name wis Auld Mither Shirley and folks came tae consult her from miles aroon and get her spells and magic potions for everything under the sun. She wis very popular amongst the country hantel. Sometimes the Traivellers wint tae visit her for her advice and she hid a formidable name. Naebody wid dare cross her path withoot getting the wrath o her temper.

The black pearl gaed her certain black-airt powers and she seemed tae be daeing very weel until fowks said that a tall, dark, young stranger kept frequenting her cane. Then things started tae gang missing frae her hoose. Een o her freens telt Maisie that the auld spey wife wis haeing a very difficult time ever since she bought the black pearl. The auld woman fell awfie sick and she sent for Auld Maisie tae come tae attend tae her. She telt Auld Maisie that the Devil sent a young man wi very dark hair and een tae procure the black pearl back tae him. 'He didnae offer ony money for it even though I telt him I bought it frae ye for twenty rege but he widnae gae me naething in return cos it wisnae onybody's tae sell as it belanged tae him. Then things started tae gang missing frae mi hoose and bad luck never left mi jigger, so whit should I dae, Maisie?'

'Shannish, shannish, gie Cloven Hoddie back his unlucky scabby pearl afore he taks yer life and soul.'

'I will gie the young lad the black pearl tae tak back tae his maister.'

Soon aifter that the auld spey wife got better and things worked for her fine and her guid luck returned. But neither Molina nor Maisie hid ony sad effects for possessing the Devil's black pearl.

Eence I espied een o the bonniest dillies I ever clasp mi yaks on, fishing for freshwaater pearls in the River Dee and she wis aa by her lane. Her name wis Iris and she hailed frae Donegal and she sported lang red hair that fell doon tae her waist and she hid a green ribbon tying it up. I shouted ower tae her and she noticed that I wis only a wee laddie so she didnae bother much wi me but she wis sae bonnie that saxty years later her vision is still clearly delved intae my mind. Whin I learned tae read and write I screeved a wee sang tae her memory.

THE PEARL-FISHING LASS

Standing knee deep in the Dee, bonnie lass frae ower the sea.
Has stolen awa mi heart frae me looking for freshwater pearls.

She has hailed frae Erin's Isle, lang red hair and perfect smile,
Patiently she waits a while, searching for freshwater pearls.

In her right hand a birched fork, a jeelie jug tae dae her work
The shells frae the beds she yarks tae find some freshwater pearls.

Prying the sandy floor she dooks, looking for the runs and crooks.
A sure sign for that she looks the marks o freshwater pearls.

Picking up a special shell she taks it oot the river's swell.
What's inside she cannae tell hoping there's freshwater pearls.

The pocket knife sae sharp and keen, she cuts the corners o sae clean
Her fingers rumble in between tae find a salmon pinky pearl.

She's bin rewarded for her searching twa hours on the river perching
Hameward tae the camp a marching wi her freshwater pearl.

A silver ring, a suppie glue, she mounts her gem upon the brew.
She wears it proudly for tae view her ain bonnie freshwater pearl.

This happened mair than fifty years, yet her image still is clear
The bonnie lassie wis sae dear wha found the salmon pinky pearl. ∾

Pearl-fishing wis an ancient art and wis common in Scottish rivers. The Tay aye yielded the very best o pearls and fine examples can be found on the Scottish Crown Jewels in Edinburgh Castle. The River Ythan is sic a sannie river that if ye get a pearl ye hae tae sell it richt awa cos if ye leave them aa nicht then they resemble lead bearings and they are guid for naething. Some Travellers made a Klondike wi pearl-fishing but they were few and far between.

Nooadays ye wid get the stardie if ye were caught pearl-fishing cos the mussel stocks are very depleted, maistly by waste contamination intae weer bonnie rivers. There were een or twa scaldies copied the Traivellers and didnae hae the sense tae conserve some o the stocks, thus resulting in measures being taken by the river authorities tae ban everybody frae pearl-fishing. I personally think that fowks should get a chance tae ken aboot pearl-fishing in Scottish rivers.

One nicht, after we returned from the pearl-fishing, Auld Margeeta telt us the story aboot the birth o her great nephew, Johnie Angel Stewart, and it wis very interesting.

THE ANGEL DOCTOR

Awa back in the early thirties there lived a young Traiveller couple wha often wint doon tae England to ply their trade. Their names were Jocky and Martha Stewart and they liked tae work at the aipple harvest doon in Devon throughout the autumn and they wid come hame in the cauld winter months.

Noo, the late November month wis awfie grim and it wis said tae be the worst winter for years and the young couple were expecting their first bairnie. Although Martha had a sister in Devon she wanted her bairnie tae be born in Scotland. They didnae hae a car but the folks hid a sheltie and float, and despite their conditions they were determined tae get hame tae Scotland. Martha wis in her eighth month o her pregnancy and she wis feeling a bittie sair whin they started the lang trodge hame. It teen them aboot five days tae get near the Scottish border and by this stage Martha wis starting tae tak early labour pains. Whin they jist got over the borders o Cumberland her pains were getting stronger. The weather wis bitterly cauld and very sharp snaw flurries were prevalent everywhere. The nicht wis atrocious so Jocky said they wid hae tae find a place tae bide the nicht. Martha asked if they were in Scotland and Jocky telt her they were.

Jocky saw the tilley lamps in a wee cottage bleezing and the cosy cane deeked a barrie place tae sojourn frae the shan weather. He gaed inside and there wis a fire roaring in the ingle and there wis also a pot o hot soup biling awa on the hot glimmer. The man hid tae tak his sheltie awa tae feed it with the dry pied straw and keep it oot o the whirling snaw wreaths that were forming. He then cairried his wife and pit her in the warm kip and her waaters broke. As it wis her first kenchin she wis a bittie panicky cos she didnae quite ken whit wis happening. She telt her gadgie tae try and get a howdy frae the nearby hooses tae help her through her confinement. Jocky wint oot intae the nicht's storm tae get somebody tae help his wife.

Aifter he wis gone the lassie teen awfie strang labour contractions and she wis very trash being aa on her toad in a strange cane. The time passed and it wis near. Then aifter a half hour she wis weel gone in the labour whin the jigger opened and in came a tall, slim, young man in a white overall with a black bag.

'Are ye the doctor?' cried Martha and he said that he wis.

He then proceeded tae help her deliver the bairnie and shortly aifter she gaed birth tae a son. Aifter the bairnie wis washed he wis gently pit intae her bosie. She wis ower the moon wi her baby laddie. The doctor spoke guid wordies tae her and he telt her that the cutting the cord bit wis very special and that noo she hid tae bond wi her son.

Then the doctor hid tae gang awa oot intae the tempest o the nicht and Martha shouted tae him, 'Whit is yer name, Doctor?'

And he replied that his name wis John and she said that she wid caw the wee laddie aifter him. He then left the snug warm hoosie and ventured intae the wildness o the nicht.

Martha luxuriated intae the bed wi her newborn kenchin and she wis as happy as a wee puddock. Suddenly an awfie furore broke oot and then a booriccy o fowk came intae the cottage and Jocky wis wi them.

'Are ye aa richt, Martha?' he cried frantically.

'Of course I am!' she replied. 'Ye see the wonderful kind doctor wha attended tae me wis so gentle wi me in – fact he looked mair like an angel tae me – and I am gan tae caw mi wee laddie aifter him. I will caw him John aifter the angel doctor.'

There wis a lot o ither people in the room and they telt her that he wisnae a doctor but that he wis a lunatic that escaped frae an asylum nearby. He thinks he is a doctor but he is a sadistic maniac but the very fact that ye greeted him as the doctor hid appealed tae his warped mind so he treated ye kindly and skilfully.

The folks telt her she wis very lucky tae be alive. Whin the folks looked under the bed they found the body o the auld woman who owned the hoose wi her throat cut frae lug tae lug like a butchered guffie.

Eence the weather settled doon, the couple wint tae bide in Auld Reekie for a while and registered the bairnie there as John Angel Stewart. ∾

For many years the Traivellers roon their camp glimmers telt the story o The Angel Doctor. The Travellers were braw storytellers and they could enthral their audiences wi the reek roon the camp fire.

Belinda joined in and said, 'Jist because folks look guid

disnae mean that they arenae hiding a mair sinister side o their evil natures. Remember whin Auld Marjanet bade intae a real barrie vardo and she hid aa her gold and siller and beautiful ornaments aa aroon her vardo. They were worth a dose o lowdy and she wis biding on her private land o the auld fairmer. Somebody complained aboot things in the area getting chored and they sent the hornies tae Auld Marjanet.

'Then twa big smairt hornies came tae visit her in her vardo and they kept an awfie deeking and snooping roon her things. Een cawed himsel PC 101 and the ither PC 102. They terrified and bullied Auld Marjanet and she hid tae rin for help tae her son's camp near by. Bless us and save us! The twa shan hornies bung avree wi aa her barrie chatry. They teen awa everything that they could cairry and didnae leave neither a wing nor a roost for Auld Marjanet.

'The auld woman went tae the police station at Alford but accordingly they were bogus hornies and the auld woman lost everything. She got nae compensation for her loss and the police said it wis her ain fault for gan oot leaving twa strange gadgies alone in her vardo. Auld Marjanet wis sae trash aifter that incident that she never bade alane but she moved intae the camp near whar her son bade.

'Ye see,' said Belinda, 'ye cannae trust onybody nae maitter fu weel or kind they deek cos mony a peer body his bin mooliegrabbed for opening their jigger tae a stranger.'

Some o the stories were pure epics in standard and it teen a lot o time tae get them inside yer napper. Een o the big tales I tell is the Green Gadgie o Knowledge, and I kent a couple o auld men wha telt it but I learned frae mi great-auntie, Maggie Stewart. Noo, I will write the mega tale as I remember it.

THE GREEN GADGIE O KNOWLEDGE

Hinnae back in the days o the widden bilers, there lived a woman wha kept a puckly guffies and sheep and she bade in a wee cotter-type cane and she hid one son wha wis as thick as twa planks o wid and wisnae dealing wi a full deck o cairds and his name wis Jack. Noo, as a wee laddie, Jack couldnae dae naething except play wi his juckal and he aye played aa kinds o caird games wi the juckal. His nesmore fair connached him stupid resulting in Jack being dumpish and a dinley. The bammie laddie hid never been oot o the hoose by himself and he never ventured futher than the gairden gate.

Time waits for nae man, so as tempo flugas one day Jack arose oot o his kip and whin he went tae pit on his strides and jacket the tuggery widnae fit him. The strides were awa up his airse and the jacket like a bumbee coat upon the top half o his body.

'Oh, Mither, Mither,' he cried. 'I hae grown up intae a man overnicht.'

'Weel,' retorted the mither. 'It wis bound tae happen some-time.'

'Oh!' says Jack. 'Then that means that I will hae tae spooch for me fortune.'

'It's aaricht, laddie, ye can jist bide at hame and I'll mak ye new claes and ye can help me wi the guffies and sheep.'

'No, Mither, I am gan tae tak the road and find adventure.'

'But ye cannae dae onything and ye will get lost on yer toad wi naebody tae help ye!'

Jack didnae listen tae his nesmore so he fecks avree ontae the road and followed his tramplers until he cames tae a signpost. He couldnae read, so he asked a man which wye he should gang and the man telt him, 'It aa depends whar ye want to go.' Een road said tae the hills and the ither post pointed wi an arrow saying, 'The Land of Enchantment'.

'Weel, that's whar I want tae gang tae.'

Weel, Jack took the high roads and low roads and through hedges and ditches and bramble bushes until he came tae an auld horse drinking trough. Jack wis fair drooshie and dry and needed tae sluch frae the trough. Sitting on the edge o the trough wis a robin reidbreast and it greeted him guid day.

Jack wis taken aback and he says, 'I didnae ken that robins could mang?'

'Remember, Jack, ye are in the Land o Enchantment. Ony-thing that happens here, ye jist accept it.'

Jack was very hungry cos he hidnae eaten onything for ages.

'Weel,' says the robin, 'there's a hoose aboot a mile frae here and the auld woman will feed ye if ye call upon her.'

So Jack continued on his journey till he reached the auld woman's hoose and he knocked at the jigger and oot came a beautiful young lassie and she says, 'Ye are welcome, Jack.'

The auld woman maks him welcome and he is given a tightner o the finest habin tae taste his lip.

Aifter he eats his food the lassie telt him tae gang up tae the bedroom and tak a sleep tae refresh himsel for the next pairt o his adventure. The room wis awfie scabby and clattie and Jack teen aff his claes and slept on the wee bed and covered himsel up wi sheep's fleeces and fell intae a deep slum. As he slept he dreamed he lay in a large silken bed wi sheer luxury cocooning him snugly but whin he awoke he was in the scabby, clattie room again. His strides were missing and there wis a barrie pair o troosers made oot o sheepskin lying and he pit them on and they were a perfect fit. The lassie wha hid very blonde hair and blue yaks telt Jack that she had made the strides for him.

Aifter a fine breakfast the auld woman gaed him a wee mat and telt him tae sit on it and it wad tak him on the next pairt o his journey. The young lassie gaed him some wine in a bottle and a cake and Jack wint outside and sat on the mat and he wis whizzed awa ontae the next lap o the trip o exploration. He whizzed through time and space and he landed on a field near a wee village. He drunk his wine and ate the cake and he found a gold coin inside the cake. He wis still hungry so he wint intae a taivern and asked the landlord tae sell him food. Haein a precious gold coin he wis offered the very best bill o fare and Jack ate like a Clydesdale pownie. He noticed a dose o gadgies playin at the cairds and een o them wis aa dressed up in green garb. Jack asked if he could join in the game and the folks telt him he is a gomeral. Jack telt them he might be a corrach but he kent fu tae play cairds and he showed he hid money wi the change frae his denner so they let him intae the game. Noo, Jack could play cairds aaricht and he wis winning right, left and centre till he hid aa the money on the table and aa the folks cleared oot.

Aifter the game, Jack followed the man in the green garb and asked his name and whar did he bide. 'I am the Green Gadgie o Knowledge and I bide east o the stars and west o the moon. Then he vanished in a flash. Jack speared tae the landlord wha wis that man and the landlord telt him tae hae naething tae dae wi that vile man, so Jack sat back on the mat and the next thing he kent he wis in front o the hoose exactly like the een he hid visited earlier. So he knocked at the jigger and oot came the bonnie fair-haired lassie. 'So, ye hae arrived and welcome tae the hoose.'

Eence again the auld woman gave him a fine bittie tae taste his mooth and he retired tae a scabby, clattie room and he covered himsel ower again wi some fleeces and he fell intae a deep slumber and he dreamt that he wis in a silken bed and cocooned in luxury, but he awoke an he wis in the scabby room again. He wint doon for a hearty breakfast and the auld woman gaed him a cape tae wear and that wid tak him ontae the next pairt o his journey. The lassie gaed him a fine jacket especially made for him, so now he hid a suit made o the sheepskin. Jack is given a caution nae tae look left nor right until he comes tae the third hoose. At lang last he arrived at the third hoose and it is identical tae the previous twa hooses and the young lassie welcomed Jack intae the hoose and gaed him a fine bittie o habin tae taste his mooth and the auld woman looked tae him and tells him tae gang upstairs and tak a sleep tae refresh himself for his last leg o his journey.

Outside o the hoose there wis a smiddy and a big powerful smithy working on the forge. Whin he woke up, there wis a strange whistle lying by his bed so he put it in his jacket pocket. Aifter his breakfast the auld woman telt him tae gang and speak tae the smithy. It sae happened that Jack had teen a shine tae the young lassie and he wis noo starting tae faa madly in love wi her.

The smithy gaed Jack a very large horseshoe and tells him that he must sit on top o it and tell it tae tak him east o the sun and west o the moon. The lassie telt him nae tae look up or doon but tae be very careful whin he arrives at the big castle. Then off he wis whisked awa tae a big castle and he stopped and examined it up and doon. There wis a crystal lake in front o the castle wi a sma bridge ower it but it wis awfie fragile and it widnae carry his weight. Furthermore, the waater wis pure burning acid cos Jack pit in a bit stick and it jist burned, so Jack hid tae think on a plan tae get across tae the castle.

Aifter waiting a while hidden in the bushes he spied seven swans coming oot o the castle. Six o them were as black as the ace o spades and one wis pure white. The seven swans swam across and whin they got tae the side whar Jack wis hiding, they shed aff their swan bodies and seven bonnie dark-haired maidens stood up and the white swan turned intae his ain bonnie lassie and they aa tak aff their claes that they were wearing and gang in tae the lake for a swim. Jack gaithered up the claes o the white swan and he hid them and whin they came back and pit on their claes, they turned back intae the black swans but the fair-haired lassie couldnae change back cos her claes were nae there and she wis mither naked and Jack cawed oot tae her that if she wanted back her claes then she wid hae tae find a wye to get him intae the castle.

'Oh!' she says. 'Jack, ye widnae look upon mi nakedness cos ye are a gentleman.'

'I'm nae gentleman at all, but I am jist a peer peasant and I widnae gae ma ginger aboot looking at ye!'

'If ye promise tae nae look upon me until I change intae a swan then I will gently ferry ye ower tae the castle.'

He promised, and whin she changed intae the white swan she taks him ower the acid lake tae the castle. On reaching the ither side he wis met wi the Green Gadgie o Knowledge, wha asks him how he got tae his castle and says tae Jack that he either hid very powerful magic or somebody gaed him a hand. Jack assured the Green Gadgie o Knowledge that he hid great powerful magic.

Jack wis escorted intae the grand castle and given food and wine and he wis noo questioned by the evil Gadgie. 'Tomorrow I will test yer great magic cos my favourite wife lost a beautiful emerald ring doon a deep-strung well and I wid like it back. If ye fail I will kill ye stone deid!' He then incarcerated Jack in a tiny cell dungeon wi naething in it but a puckly straw. The fair-haired lassie brought him some mair food and wine and telt him that her white magic wid help him accomplish the task.

'But ye are een o his daughters.'

'Indeed I am not!' she retorted angrily. 'Ye see, I wis brought up wi mi three auld white-witch aunties. The first yin ye met wis Auld Mither Necessity, the second yin wis Auld Mither Invention and the third yin wis Auld Mither Wisdom and between them they taught me great skills o the white magic. Noo the evil Green Gadgie o Knowledge kidnapped mi frae mi aunties so I could teach him how tae be even mair powerful than he is. Therfore, tomorrow I will help ye, so listen carefully tae my instructions. The Green Gadgie o Knowledge will want tae watch everything ye do but tell him ye are bound by yer wizard's oath tae keep stoom. Let him ken ye will get the ring he wants frae the well and I will help ye. I will change masel intae a ladder doon the deep well and ye can climb doon tae get the ring but be awfie careful cos the least fall and ye will brak mi beens.'

Next morning Jack is teen doon tae the well and the Green Gadgie o Knowledge watched him and Jack growled and says that he cannae work magic if somebody is watching him, so the evil wizard gangs back tae the castle. Jack started tae climb doon the ladder that she had shape-changed intae and whin he got tae the bottom there wis aboot a feet o water in the well and the lassie telt him tae hurry up, cos it will turn intae a raging torrent very soon and he wid get droont. He quickly got the ring cos he seen it glinting in the waater and he hastens back up the ladder before the torrent droons him. He carelessly slipped on a rung o the ladder and the lassie moans wi pain and he kent he hid hurt her in somewye. He came back tae the castle and he gies the ring tae the Green Gadgie o Knowledge wha commends him for his magic.

That nicht he is treated tae a meal and asked if somebody wis helping him and he assured him that he his his ain magic tae work frae. Aifter his supper he is chucked back intae his dungeon cell and again the lassie visits him wi food and wine and informs him that tomorrow he will be asked tae build a new castle for the evil wizard.

'But dinnae worry, I will mak it for ye again. Dinnae let him watch ye!'

In the morning Jack is telt tae build a new castle even better than the auld yin. He telt the wizard nae tae watch him and he wint back tae his castle until his new yin wis finished. The lassie builds the wonderful new castle in minutes and the Green Gadgie o Knowledge is amazed. 'Yes, ye dae hae great magic but is somebody helping ye alang?'

'Certainly not!' replies Jack.

Eence again he is invited for his supper and is interrogated by the evil wizard cos he suspects some strange skulduggery at hand, then he is chucked back again intae his dungeon. The lassie appeared tae him again tae explain aboot the last task.

'In the morning he will ask ye tae get rid o the biting ants frae aa ower his kingdom. Whin ye complete that task he will gie ye a chance o yer freedom.'

Jack telt her that he wants her tae get her freedom as weel but she assured him that every nicht she gangs hame tae her auld aunties tae sleep cos she his sae muckle power hersel.

'Again, tell the Green Gadgie o Knowledge that he cannae watch ye. Noo, I will dig oot a gigantic hole in the grun but ye hae the power tae get the ants tae gang intae the pit and I will seal the hole whin they are aa in. Ye see yer whistle I gaed ye alang wi yer suit. It his the power tae enchant the ants.'

Intae the morning Jack again telt the evil wizard nae tae watch his magic so he went intae his castle eence mair. The young lassie made the deep pit and Jack whistle-enchanted them intae the pit and the lassie sealed it up and the evil wizard is completely bowled ower.

That nicht aifter supper the Green Gadgie o Knowledge telt him he will get his freedom in the morning but that there are snags tae watch for. He will be instructed aboot his freedom dash in the morning.

Through the nicht the lassie visited Jack in his cell and tells him that the Green Gadgie o Knowledge will gie him as much gold as he can cairry on a horse o his choice. 'Noo, tak as much gold as ye can frae him but dinnae on nae account tak a black stallion, cos they are his daughters. Instead ye will see an auld scabby donkey, guid for naething. Fill aa yer gold intae it cos that will be me.'

In the morning, Jack is allowed tae tak as much gold as he likes and he wis offered een o the black stallions, but Jack reneges, and taks the auld scabby donkey, fit for the knacker's yard. The Green Gadgie o Knowledge laughs at Jack's choice o transport. He wis informed that he his tae get richt oot o the kingdom back tae his ain realm, cos if he is captured then he will be his slave aa his lang days. He is given a half-hour start before the great chase tae catch him and the gold.

Aff raced the wee bedraggled donkey but it can rin like the living wind and the wee donkey kent whar it wis gang tae get oot o the Kingdom o Evil. Jack turned his heid and chasing behind him is the Green Gadgie o Knowledge and his sax daughters upon the black stallions closely pursuing them. The sweat wis blinning the wee donkey and she says tae Jack, 'Tak a drop o sweat aff mi heid and cast it o'er yer left shooder and say: "May aa the rivers and seas upon the earth flood between me and thee."

Then this great deluge o water stopped them for a while. Whin Jack looked back o him, they are back on their trail again and the donkey says, 'Look in my richt lug and ye will find a wee pebble. Throw it ower yer left shooder and say: "May aa the stones and boulders o this earth mak a barrier between me and thee."

Then aa the stones and boulders bar the wye but a wee short while later they were back on their tracks.

Finally the donkey says, 'Gan intae mi right lug and tak oot a burning spark and throw it ower ye left shooder and shout: "May aa the flames o Hell stand between me and thee."

Then the whole o Hell wis released upon the Green Gadgie o Knowledge and his dochters. The wee donkey crossed ower the boundary line and she telt Jack she is knackered. Jack hid aa the gold and it wis worth a king's ransom and the donkey turned back intae the young blonde-haired lassie. She tells Jack that she loves him and wants tae mairry him in one year and a day, cos it will tak her that time tae recover and get her strength back again.

Noo, Jack wis back intae his ain land and he gangs back the road he travelled tae get whar his mither bade, but before he left, the lassie gaed him a caution that he must never kiss onybody until she returned tae be his bride. Jack agreed and on his wye hame he stopped at the place whar he first met the Green Gadgie o Knowledge. And the landlord telt him that he forgot tae lift aa his winnings that he hid won at the cairds and he hid a heap o money tae tak hame as weel as his great fortune o wealth.

On getting hame like a king he wis greeted by all and sundry but he allowed naebody tae kiss him, and when his auld mither seen him he says, 'Nae slobbering ower me cos I dinnae like kissing.'

Noo, his collie dog wha adored him saa Jack and jumped richt up in the air and gave him a great smoocher fair on the lips and Jack forgot all aboot his journey and his promised bride. Noo he wis the wealthiest man in the shire and aa the lassies found him a great cleek tae treasure though he didnae much bother himsel wi the lassies.

Nearly a year hid passed by and a young lassie made a play for Jack and he promised tae mairry her shortly. The wedding date wis fixed and it wis almost time for his promised bride tae come tae him but Jack had forgotten aa aboot her and on the nicht before the wedding everything is prepaired tae a tee.

His ain, blonde-haired girl arrived at the scene and is broken-hearted that Jack has forgotten her. So she informs the people that she is the finest biscuit-maker in the land and if they wanted extra food then she wid mak it for them and the fowk agreed tae her cooking and baking. The nicht before the wedding, whin fowks are aa gan aboot, she entertains the people wi pitting on a show at the table. Jack is dressed up in the suit that she made for him oot o sheepskins and she taks oot a wee cock and a wee hen and they balance tae each ither and she sings:

> *Cockadoodle doo, I am yer love sae true,*
> *Ye noo hae money and pride, but I am yer promised bride.*

Jack hid strange feelings as she sang and entertained the audience and Jack came close tae her. Again she sings:

Cockadoodle doo, I am yer love sae true,
Ye noo hae money and pride, but I am yer promised bride.

Jack begins tae hae a strange striving within his soul. A third time she sings:

Cockadoodle doo, I am yer love sae true,
Ye noo hae money and pride, but I am yer promised bride.

Jack felt for his whistle in his pocket and whin he played some notes all his memory came back tae him and he remembered all his adventures and his promise tae her.

'Honestly, I never kissed onyone, but mi doggie kissed me on the lips,' he said.

She told him she knew about the dog and that was why the curse could be broken. The new betrothal was given a great, vast amount o money jist to go away so he could mairry his promised bride.

The next day they were mairried and lived happily ever aifter and they hid a garroosk o bairns and often they wid recall their adventures wi the Green Gadgie o Knowledge. ∽

3

THE EAST EUROPEAN GYPSY

While we were camped at the Waa Steedings o Dess there was a young East European Gypsy chavie bade doon aboot a mile awa frae us folks. He was aboot saxteen years of age and he wis a very fly laddie and he could look aifter himself and he wis very self-sufficient, but he wis like still waaters that rin very deep. His mainners were impeccable and he spoke very guid English. He was tall and slender, put up wi very dark curly hair and aa the young lassies fair fancied him, but he wis very much a loner. Everybody liked him and he was aye invited tae sing his unusual songs roon the camp fire ceilidhs. Mi Auntie Jeannie wis very fond o him and she aye hid him singing at every opportunity.

He never ever came empty-handed cos he aye used tae tak tae the camp a couple o dressed rabbits aa ready for the pot. Everybody thocht that he wis a braw spracher roon the country hantel's canes and that because o his looks and sweet personality he aye got rabbits stracht for the pot. He wis never a freeloader cos he aye contributed sae much tae the event.

His name was Leigh Samuel and we aa thocht that he wis a Greek or Romanian Gypsy. Definitely by his good looks he deeked foreign and wid hae passed as a Gypsy prince and I as a wee laddie used tae gie him great respect.

I was the only bairn that he really bothered wi and I could gang doon tae his wee bough tent and chat wi him and he wid tell me a aboot Eastern Europe. Noo, I wis a skinny loon and I hid a mop o thick ginger curls and he aye cawed mi Wee Ginge. Often he wid tak mi oot wi him and he wid show wyes o trapping and snaring and sometimes wi wid gang pearl-fishing together. Leigh was a champion swimmer and he had movements like an eel as he swum but much tae mi faither's pain, I couldnae swim a stroke!

On one o his explorations, Leigh teen me tae a quiet lonely spot tae a pile o flat stones and shifting the stones he revealed a case and whin he opened it up there were candles and matches, a strange seven-heided candelabra, a little striped cap and a shawl along wi a silken scarf. I didnae ken whit it was but he swore mi tae secrecy that whit I saw I widnae tell a living soul. Furthermore, underneath these things he pulled oot a handgun and he said it wis an airgun for pellets, but the pellets were a bittie large I thought tae masel, and the name Steiner was written upon it. Leigh teen mi oot tae a field full o rabbits and he shot a half-dozen o them then he sliced up the belly and pulled oot the guts. He telt mi if I didnae hae the stomach for it nae tae look but I hae seen Albert gutting rabbits by the hundreds. He threw awa the entrails intae the river for the eels tae get and then he cut aff the heid and the paws and he pulled the skin richt aff and he washed it thoroughly in the waater and the rabbits were dressed aa ready for cooking.

'You folks aa think that I get the rabbits as a gift from the country hantel or they faa doon frae heaven or they think I am a braw spracher, but really, I use my pellet gun and I am expert at shooting. I dinnae like tae gang tae the ceilidhs without contributing something for the pot cos the Traivellers are awfy guid tae me and they encourage mi wi the singing. I am very much at hame wi them and they treat me like one o the family.'

Aifter Leigh hid shown me his hidden cache o special things, he told me that nobody else knew about them. I said to him that I thought that he wis a very quiet laddie and he retorted, 'It is best to say as little as possible because there's no need to pit salt on ither people's kale!' He informed me that he kept very quiet as a boy in Eastern Europe. Then he telt me this short story.

YANNA

In the village that I grew up in, there was a terrible gossip called Yanna and she told terrible tales about everyone and she was such a convincing storyteller that she scandalised many a person with her lies, especially the women folk.

On one occasion she bad-mouthed a really nice, morally minded lady and caused her great distress. A friend told her that it was Yanna who was causing her the grief, so the lady went to see the chief elder of the village to make a complaint about Yanna. Eventually, Yanna was called to answer for her gossiping. She apologised and said that she would take back her words.

The chief elder gave her a penance to do and he told Yanna to take a feather pillow and bring it to the village market square and cut it open and then take back as many of the feathers that she could catch. 'That's an easy task!' she thought tae herself.

Next morning was a blustery day of high winds so when Yanna cut the feather pillow, the feathers went flying everywhere and she could only take back a handful of feathers to the chief elder of the village. The wise man told her that when we scandalise another person the mud often sticks and once the die is cast then we cannot take back our words we have strewn to the four winds. Yanna learnt a great lesson about keeping stoom after that incident in the market square with the wind and the feather pillow. She stopped being a gossip and became a loved member of the community. ∼

I wis fair dying tae tell mi nesmore whit I hae seen but I hae gaed mi solemn oath tae keep stoom, so I bit mi tongue. My mither was very deeply psychic and she telt mi that she thocht that he wis a bairn frae the Holycost. 'Whit is a Holycost?' I enquired.

She telt mi that it wis a war upon different religious groups by the Nazis and that we were lucky tae be in Scotland, cos Traivellers aa ower Europe were being murdered alang wi the Gypsies. She thought that Leigh wis maybe a Jewish laddie wha hid come oot o the concentration camps and that he wis a displaced person.

Aifter that lang summer, I never saw him again until ten years later whin I was seventeen and I took my first visit tae London tae explore the great historical city. I met a young lassie wha lived in London and I went wi her tae a funfair and we were on the Waltzers and I noticed an awfy guid-looking tall lad whom I seemed tae ken. He asked mi why I was looking at him and I asked him if he wis Leigh.

'Who's asking? Are ye wi the police?'

'No!' I replied. 'I am Wee Ginge frae the Waa Steedings,' and a big smile cam ower his face.

'Ditch the bitch!' he cried tae me. 'Cos she's a fairground groupie and she will get some o the barkers tae leather ye and tak yer lowdy. They winnae dare touch ye if ye are wi me, cos I'm a Fikie and one o the brotherhood o the Fikies and we command respect. I will tak ye tae the tube station tae tak ye back tae yer hotel at King's Cross and go straight to yer lodgings because King's Cross is no a place tae gander aboot, cos it's filled wi lodneys and spivs and ye being a naïve sort o lad wid fall prey tae the predators gan aboot.'

He kept me company till my train came tae tak me back tae where I was biding and during that time he told me of how he survived in the last few weeks o the concentration camps and that when he was released he managed tae stowaway on a Scottish boat and it took him tae Scotland, whar he lived like a Gypsy and that he had a great love for the songs and music of the Travellers.

On pairting he gaed me a ring aff his finger and it wis a Fikie ring wi a great blue stone eye upon its highly ornate silver. 'This is the all-seeing eye and it will be a protection tae you wherever ye go.' He then shook mi by the hand in the Gypsy fashion and pairted by sayin, 'Well, Wee Ginge. Best o luck and shalom!'

Perhaps someday in London I might meet some o Leigh's sons and renew a friendship wi them and if they are onything like their faither then he will have wonderful boys.

4

GAN FOR THE MONTECLARA

Een o my tasks in the morning wis tae climb up the hill at the back o the Waa Steedings tae get the fresh waater for tae mak the early morning slab. Traivellers believed that tea hid tae be as sweet as honey, yella as gold and strong as tar and aa the tea, sugar and yerim wint intae the thundering kettle. It aye smelled sae braw intertwining wi the broom and the reek o the glimmer. The fowks used tae caw a biling kettle a wambling koocavie, cos it shook like a train engine puffin doon the line.

On this particular morning, aboot seven o'clock, there wis a warm, refreshing misty lowe slowly crawling ower the gentle ascent o the hill. The spring wallie came aff the mountainside and it was deeply cauld and completely refreshing tae the thrapple as it flowed doon tae yer weams. I aye wis completely overawed and bowled ower wi aa the influences o Nesmore Nature. Larks, thrushes and yella yites serenaded ye as ye waited for the big enamel pail tae fill up and it wis very heavy for a wee laddie tae cairry. I aye thocht I wis Gunga Din, the water carrier wha became a hero in the Indian campaigns.

Coming doon the gentle decline o the hill the pail seemed tae get heavier and heavier. Many a time, I wid stand for a moment and gaze doon at the puckly tents and bough camps on the site whar we aa camped. At the top camp nearest the first burn wis whar mi Auntie Jeannie bade and she aye got up early tae kennel her glimmer and pit on a big kettle o water frae the nicht before. She aye wore deep reid or bright yella jumpers and fastened the neck wi a big gold cameo broach. As she poked aboot her fire and stuck her jockey stick intae the fire she wid pit on her kettle. The scene resembled an amphitheatre and ye could hear every slight sound frae the camp and soon the various noises were gang aboot all over the encampment. Jist afore the hale place wakened up Jeannie wid sing the bonniest Irish sangs that ye ever heard and her dulcet tones could be heard resounding up the hill and hit the wids o Dess and then cataract doon the hill again.

Standing at the tap o the hill wi mi waater pail beside, I wid jist be enthralled within and wis under a hypnotic spell like the great siren wha enchanted the sailors of old at sea. The best wye tae describe my feelings wid be like a rabbit ensnared by a weasel. Her stunning effect fair mesmerised ye and I couldnae move hand nor fit tae save masel. Mi ginger curls used tae strachten and stand on end because she definitely hid the Maisie upon her.

Deeking doon tae the camping grounds the words o her sangs wid implant intae yer mind never tae be forgotten. Frae the distance ye could see her hand gestures as she embellished upon her ballad making her quiet performance a complete work of cultural airt.

A SANG

When I as a maiden fair and young, upon the pleasant banks o
Lea,
No bird never lingered, the wildwood sang was as half sae
blythe and free.

My heart ne'r beat wi flying feet, nae love sang me his queen.
Till doon the glen, rode Dusty's men and they wore their jackets
green.

The lady was oblivious to anyone looking at her but all the birds joined in the singing as well. All that day I listened to Jeannie singing an amazing repertoire of sangs and ballads. It was one of these very musical days and nichts, all the pipers played and fiddlers fiddled and every kind of music was heard.

In the evening the ceilidh was spectacular and even the children got to participate and I remember singing 'Bhermio o Rovanee', and Jeannie said tae me it was a very grown-up sang and where did I learn it from and I telt her that I learned it by listening tae her singing it. She taught me so many of her huge ballads which now I share and sing to audiences around the world.

At the eventide of that special day, I went for a walk with mi Auntie Jeannie and we watched a resplendent sunset and the gigantic sun was like a glowing red orb setting doon in the hinterland towards the west. Jeannie held my hand and sang the 'Bolovogue' and every time I sing that sang I can instantly recall that beautiful sunset at the Waa Steedings at Dess.

That nicht, whin we went tae oor beds, it wis customary for an auld Traiveller tae tell a story. Lip-in-a-Bottle hid saw me gang for tae get the monteclara in the morning, an he said tae me, 'I will tell ye the story o . . .'

THE WAATER AT WORLD'S END

Lang ago fowks used tae believe that the world wis flat and aa the seas and oceans used tae faa aff the side o the earth and because o this belief many Travellers telt tales o the waater at the world's end.

In the days o yore whin Adam wis a boy, there lived a king and he hid yin daughter, Orchid, and she wis an awfy bonnie, weel-mainnered girl and lived in conduct wi her high station. Aa the fowks liked her wi her comely wyes and graces and Orchid never misbehaved. Then the king teen anither culloch tae wad and she had a dochter cawed Lotus and she wis a lazy, trumped-up midden wha gave aabody a teer o lip and she had nae breeding and unca-mainnered natured. Noo, neen o the people liked her but she still got treated jist the same as Orchid so Lotus fair thocht that she wis madame herself and she didnae endear herself tae the castle hantel.

Noo, the auld king wis turning nae weel cos I think his wife wis slowly poisoning him wi belladonna berries and laburnum blossoms but naebody nor ony o his doctors could detect the cause and soon the king wis at Death's door and his wife and daughter were telt that he wis dying unless he got some o the healing waaters that faa aff the world's end. Yet naebody kent fu tae get till it but it wis the king's only chance o survival. Orchid, wha used tae get treated badly by her stepmither, decided that she wid gang and discover whar the healing waater o life frae the world's end wis. On the day that Orchid left the castle, Lotus and her nesmore were overjoyed because if the king died the queen wid rule and Lotus wid be a royal princess and the chance o Orchid finding the waater o life wis very slim. The queen could apply mair poison herbs tae her husband and naebody wid suspect onything.

Orchid walked for miles nae kenning whar she wis gan tae. Then she came upon a field and a peer, skinny, Scropin's mere o a grye foraging for a decent blade o girse tae eat. It wis a very skimpy field and the girse didnae grow intae that field. It wis a pure rickle o beens and it wid hardly sustain itsel upon its frame so Orchid wint at anither field and teen a handfae o guid girse and gaed it tae the peer pownie. It wis a pure white stallion but it looked starved. The grye said tae her, 'Will ye saddle and ride me and I will tak ye whar ye want tae gang.'

'Ye dinnae look strang enough for tae cairry me on yer back!'

'I can assure ye that is a task I can dae.'

So being a weel-mannered and polite lassie, Orchid picked up a saddle that wis lying intae the field and tied it on the back o the skinny white stallion and she mounted upon its back and it immediately turned intae a beautiful, powerful white stallion and it rode like the living wind and it teen the highways and byewyes and soon it landed at a wee log cabin jist beside whar aa the waater o life fell aff the world's end. She noticed half a dizen o the queerest-deeking, wee, clattie, ugly, guffies o gadgies that she hid ever deeked upon in her life. They aa came ower tae her and the first yin said, 'Wid ye wash me doon?'

Anither said, 'Wid ye scrub mi doon and dry mi body wi yer lang yella hair?'

Every yin o them asked her tae wash them doon and Orchid agreed she wid dae that but only if they wid gie her some o the healing waater for her faither the king wha wis at Death's jigger.

Weel, she got a big tub o waater and she started tae scarify the clatty wee gadgies and she dried them aa wi her bonnie yella hair and they were very happy. She bade wi them for a couple o days and she cleaned their cane and cooked for them and on her last nicht she got a luggie o the healing waater and she made her wye hame tae the castle. Jist before she gaed the wee mannies decide tae gie her gifts. Een o them said, 'Ye are a bonnie dilly but noo ye will be ten times fairer!' Her hair spun intae curls and beautiful dimples appeared on her moy and she wis a vision o delight tae behold.

Anither yin said, 'Ye speak kind words but noo every time ye speak aa kinds o precious gems will come oot o yer mooth and ye will be sae wealthy as Midas.'

Anither yin said, 'Whin ye comb yer yella hair, gold will faa aff o it.'

And anither telt her, 'Ye were wise before but noo ye will hae the wisdom o Solomon.'

Her white stallion cairried her back tae the castle in nae time whar the luggie o the healing waater o life restores her nescal tae the guid health again. Wi aa Orchid's wonderful gifts the queen kent noo she couldnae pit a trampler wrang cos Orchid wis noo too wise tae try and bamboozle.

The bonnie white stallion became her favourite companion and aa day it said tae her, 'Orchid, could ye kiss mi on the horsie lips.'

'Fit a strange thing tae ask o mi but if it will mak ye happy then I will dae that.' And she kissed the white stallion on the lips and he immediately changed intae a handsome prince wi fair curly locks and pale blue een and he telt her he wis pairt o an evil enchantment but noo he wis restored and he asked Orchid tae mairry him and she agreed.

The queen and her midden o a dochter, whas airse wis noo oot the windae, telt Lotus tae dae the same thing as whit Orchid deen. Lotus wis a dattach o a dilly and she didnae want tae gee her ginger, but she gaed oot tae try her hand at getting guid fortune and she came tae the same field and saw a peer, thin, black horse that wis a rickle o beens and it asked her tae saddle him and ride him and he wid tak her whar she wanted tae gang.

'Fit a chick ye hae asking me, a royal princess, tae lift a heavy saddle!' So she cawed ower a loon and ordered him tae saddle the horse and help her on its back. She wis a big, fat, heavy, mo o a deem and the peer grye, though it turned intae a fine black stallion, wint like the living wind and teen her tae the waater at the world's end whar the wee, strange-deeking gadgies were stanning. They asked her the same requests they asked Orchid but Lotus, being an ill-teen unca deem, refused tae help them and she demanded aa kinds o things frae them. She never fed the grye nor cooked tae the wee mannies but she fed herself like Rab Haa's puddock.

Aifter a day the wee mannies were glad tae see the back o her and she ate them oot o hoose, hame and habitation and demanded gifts frae them. The angry little men said tae her, 'Ye are an ugly boglet o a deem but noo ye will be ten times mair uglier than ye were!'

Immediately, her wrinkles aa came upon her and her hair resembled cats' soakings and big warts grew aa ower her fizog and fit a dial she hid.

Anither yin said, 'Every time ye speak, snails, slugs and slimy toads will fa oot o yer mooth.'

Anither said, 'Lassie, ye were aye tuppence o the shilling but noo ye will be a complete dinley and corrach and be mair like the court jester.'

So Lotus left wi aa her ugliness and whin she came tae the castle the black stallion said tae her, 'Wid ye kiss mi on the horsie lips, puddock's mooth, cos ye are an ugly beast, but I am bound by chivalry tae mairry ye?'

So she kissed him on the lips and he turned intae a big, fat, dark-haired fella and he hid a nature o the Devil and she wint aboot wi parries and pulichers in her clattie napper and spewed paddocks and toads aa ower the countryside and scunnered aa the hantel aff their habin and every nicht the gadgie gaed her a sair pagerin.

Orchid and her prince deen weel and they had a garroosk o wains and lived happy ever aifter. ∼

Whin we were at the auld road o Lumphanan, there wis a scarecraw made up o wid like Pinocchio and it used tae creak in the winds through the nicht and it wid fear ye tae death cos it aye made me think on this creepy tale.

THE TATTIEBOGGLE

What a place it wis for craws! The trees made it awfie easy for craws tae come doon and jist ransack a new-sown field. The scabby black skeelipers wid jist come doon and devour everything that hid bin sewn. It wisnae a braw place tae fairm intae but the land wis quite arable. Ony fairmer working here needed a guid scarecraw. Yet the craws here were fearless o ony tattieboggle and only a real body could frichten then awa. Acky Broon wis fair scunnered losing a half o the crop tae a puckly skitter magalions.

Noo, he wis a lad in his late thirties and he wis a hard-working stocky cheil. His wife wis a lot younger than he wis but a true grafter. Frae dawn tae gloaming, she aye busied hersel roon aboot the fairmie and she wis a great help-meet tae Acky. Noo, her name was Lully and she wis a bit o a looker. Mony's a glad ee she got frae passing yokels. Despite the scabby craws they worked intae een anither's wyes and seemed tae hae a method tae their madness. Jist the flocks o craws made their lives miserable and at planting and sewing times they wid baith tak turns at chasing the craws awa wi sticks. They took shottie aboot for aifter aa their livelihood wis at stake.

Deprivation o their crop wis very high because o the craws so, therefore, something hid tae be deen tae resolve their problem. There wis a time whin Acky wid consult the Laird o the Black Airts. The wye things were gan for him, he then thocht that he wid maybe gang to hae anither wee visit wi him again. Withoot telling Lully, Acky made a visit tae see the auld Laird o the Black Airts and telt him aboot his plight wi the craws destroying aa his hard labour.

Noo the auld laird held oot a sympathetic ear and telt Acky Broon that if he wid gie him a tenth o his crop earnings then he wid gie him instructions on hoo to mak a tattieboggle that wid fleg every craw in the region. This wis like music tae Ackie's ears cos he needed tae hae a guid harvest. Acky wis a grippy lad but he thocht that a tenth tae the auld laird wis better than nae crop ava. Weel, he listened carefully at the instruction the auld man gaed him.

'Ye maun tak a big neep and cut oot the sockets for the een and a mooth. Fill up the een holes wi the yella een o a barn owl and then get the eight different een oot o various deid animals. Sic like craturs o cuddies, rabbits, coos, sheep, deer, snakes, salmon or badgers and sew them ontae a jacket. Stick the big neepie heid ontae a pole and add on the legs and get a pair o tackety beets and mak up aa the body. Whin ye hae deen that then get a pair o hands aff the gibbet and a rotten heart frae aff a mouldering corpse. Stick it aa the gither and tae mak it come alive, repeat the words o the magic incantation and that will bring the tattieboggle tae life and every craw will rin for its bare death and life. The words o the incantation are: "A laird, a lord, a lily, a leaf, a piper, a drummer, a hummer, a thief."'

It wisnae an awfie fine task tae dae but he hid deen worse things than that afore, so withoot ony hesitation he got stuck intae the task a making the tattieboggle. Finally, he gaithered aa the bits an pieces o the scarecraw and everything made ready for it coming tae life and bringing fear tae the craws. Eence aathing wis ready he assembled the bits and bobs taegither and stuck it intae the middle o his field and he repeated the jingle: 'A laird, a lord, a lily, a leaf, a piper, a drummer, a hummer, a thief.'

A strange, eerie, scraping sound wis heard and the big neepie heid started tae turn aroon the pole and it made a lang, dronie kind o sound as it moaned oot o it. It wis able tae move its hands and legs and everything on the field ran for its life. There wis nae a craw nor a bird o ony kind o description came near aboot the hideous tattieboggle. Acky didnae worry aboot it but he forgot tae tell Lully aboot the creepy scarecraw.

It so happened that Lully wis crossing ower the field whin she noticed the tattieboggle and curiosity made her gang and tak a guid look at it and whit she saw she didnae like. The horrible, fiendish-looking thing moved its airms and turned its heid upon the pole and looked it her wi its huge yella hoolet's een and cried oot in a lang dirgeful moan, 'Lully, I love ye ...'

Lully screamed oot in sheer horror and ran back tae the fairmhoose and whin she came in her man said, 'Whit a deil ill ails ye woman?'

Lully gaithered her panicky breath and said, 'Och an anoo and I darnae tell – something evil walks between Heaven and Hell.'

'There's no anything evil gan aboot, woman; wid ye jist hud yer wheest!'

Aa that nicht, Lully felt uneased wi whit she saw and heard and she jist kent the Acky wis back in league wi the black airt. She felt strange shadows crossing roon her bedroom and she could hear the cauld neepie lips saying, 'I love ye, Lully!'

All night she rested uneasy that whin morning came she was deadly tired. Lully avoided the tattieboggle like the plague and never crossed the field where it stood. Still she knew she couldnae rin awa forever.

At times whin she did cross its path it would aye say in a lang, spooky voice, 'Lully, I love ye . . .' Every nicht she could see the creepy shadows sprawling over, and she could smell its deid hands and heart. Even through the deid ceilings o the nicht she felt its eerie presence.

Lully learned tae live wi it but she never made close contact wi it. She felt that the scarecraw wis stalking her. She wid aye say tae her man, 'Och an anoo and I darnae tell – there's something walks between Heaven and Hell.' Acky wid jist tell her she wis a sully woman.

Aa that year the crops did weel and the laird got his tenth and aabody wis pleased, except Lully, cos she felt the secret stalking o her and she wis unnerved. Pittin on aa her strength she jist managed tae cope wi the situation. Aa she ever said wis, 'Och an anoo and I darnae tell – there's something evil walks between Heaven and Hell.'

Things were nae richt the following year cos the crops didnae grow. It wisnae the fault o the tattieboggle because he could frichten awa the craws but it wis a blight that killed the crops. The failure resulted in disaster for the fairmer. The laird still expected his share o money but there wis nane tae gie. Acky started tae drink and bad use Lully. She wis sic a hard-working woman and he showed her nae love. Money wis the true love o Acky's life.

Een nicht he wis blin drunk and he wis lashing oot at onybody and aabody and Lully ran for fear o getting a punchin. Acky wint richt up tae the tattieboggle and he got a scythe and he sliced aff a deid hand. The tattieboggle squealed oot o it and the deid hand moved on the grun. Acky ran awa frae it because it moaned sae loud, but as he wis rinnin back tae the fairm he felt the full force richt ontae a very shairp scythe and he cut his ain hand aff frae the wrist. Lully hid tae get the wound bandaged and the doctor wis feart for Acky's life. He survived but a fairmer wi one hand is nae muckle use.

She wis getting tortured wi this man noo wha wis losing the plot. One nicht Acky again sneaked off and he lifted a sickle and he cut aff the heid o the tattieboggle. The thing jist roared oot o it and the heid turned aboot ontae the grun. The shock drove Acky aff his heid and he wis taken awa tae bedlam.

Lully wis noo on the fairmie her leaf alane and she wis terrified. She felt the tattieboggle spik tae her and she aye felt its movement and shadows flickering. The big neepie heid wis turning upon the grun and it aye said as she passed it by, 'I love ye, Lully.'

She screamed and said that she could never love it back and she pleaded tae leave her alane.

He replied, 'If ye will gie me a kiss on the neepie lips then I will vanish frae ye forever.'

She thought if she could get release eence and for all then

44

she wid kiss it on the neepie lips. She picked up the neepie heid and she kissed the sharp, foul lips o the tattieboggle and she felt the hale neepie breath gang doon her thrapple. The scarecraw fell intae bitties and then it burned up. There wis nae trace o it. Lully wint hame and at last hid a guid nicht's sleep.

Intae the morning Lully arose early cos she hid a heap o extra things tae dae noo that her man wis in bedlam. Tae her utter surprise aa the jobs she wis gan tae dae were already deen. There wis very little for her tae dae. Whin she opened the back door o the fairmie she noticed a tall handsome fella, nicely dressed, and he wis grafting awa on the fairmie. She asked him wha he wis and this good-looking fella looked richt up tae her face and said, 'Och an anoo and I darnae tell – there's something guid noo walks between Heaven and Hell.'

The young man looked at her and said, 'I love ye, Lully.'

And he winks at her and repeats, 'I love ye, Lully.' ∽

I kent so many o the big tales and I never got tired listenin tae them cos the storytellers were aa sae very different in their wyes o telling.

Auld Noshie gathered aa the folk roon aboot her and shared this auld tale tae everybody.

THE THREE FEATHERS

Eence upon a time there were pigs and swines and monkeys chawed tobacco and hens pit on their Sunday claes and wid gander tae the market.

There eence lived a wise king and he hid three sons. One wis cawed James and he wis tall and weel made up and he wis the auldest loon. Noo, John wis a fair-haired, fat kind o a cheil

45

and was a bittie lazy, but the youngest lad, Jack, was the best-looking and the wisest o them aa and his faither's favourite.

The king wis getting on in years an he thocht that he might abdicate in favour o een o his sons. In that days, it wisnae aye the eldest wha got the throne but the maist suitable tae rule in his stead. Although Jack wis by far the best son tae leave the kingdom tae, the wise men o the court telt the king tae gae them aa a chance tae prove themselves. So the king devised a plan tae dae jist that.

He took them aa up tae the high castle waa and he gaed each one a feather and telt them tae throw them tae the wind and follow the road it teen them. Their task wis tae bring him back the very best tablecloth in aa the land and who brocht back the best one wid get the throne. John's feather got cairried by the north wind, so he followed that direction. James' feather wint eastward, so he took that road, but Jack's feather only faaed at the bottom o the castle, so Jack wint tae look for his feather. As there wis nae sooch in the wind it didnae traivel very far and Jack wint tae find it. When he came tae the spot tae find his feather, he noticed that it hid fell doon a brander. He lifted up the metal brander and there wis a deep stair underneath it and it seemed tae gang doon tae the bowels o the earth. Jack climbed doon them until he came tae a large widden door. He knocked loudly upon it and oot came a very beautiful slim lassie and she invited him intae her hoose under the castle.

'I didnae ken onybody bade doon here,' said Jack

'I live doon here wi my faither, wha is a king as weel!' said the bonnie lassie.

She led Jack intae a throne room and there sitting on a throne wis a huge puddock wi a crown upon its heid.

'Welcome, Jack, and whit can I dae for ye, mi laddie?' said the puddock king.

'Weel, I'm lookin for the finest tablecloth in the land!'

'Weel, Jack, ye hae come tae the richt place, cos I happen tae hae it.'

'Will ye gie it tae me?' asked Jack.

'I cannae gie ye it for naething, but if ye will work in my coal mine for a month and a day then it will be yours. Ye will start tomorrow and ye will work hard because this is an awfie cauld place in the winter and I need a lot o coal tae heat it.'

The young lassie gaed Jack a fine supper and telt him that aifter breakfast he must get up tae work in the coal mine.

Intae the morning, aifter a hearty breakfast, Jack climbed doon tae the dark coal mine. The work wis sair and back-breaking and whin he wis finished the first day, the lassie hid a bath ready tae wash himsel and fine wine tae sweel the coal dust oot o his mooth.

The month and a day passed by eventually and at last he received the tablecloth. It wis made o golden threads and studded wi gems sae fine. Jack bade them adieu and he gaed back wi the tablecloth tae the king. Noo, aabody wondered whar he hid been, but the ither twa brithers jist purchased tablecloth for lowdy, but the ane that Jack earned was by far the best. The wise men chose Jack's one as the best, but the brithers caused sic a hallabaloo that anither task hid tae be given. The king, this time, gave orders for tae bring back the finest jewel in aa the land.

Eence again they hid tae gang through the lang procedure o the feathers and the twa brithers' feathers went in opposite directions. Jack's feather again fell doon the brander, so Jack pursued it tae the bowels o the earth. Again he knocked at the big jigger and wis invited in by the bonnie lass. She invited him ben tae see her faither and he asked Jack whit he wanted.

'My father, the king, wints me tae bring back the finest jewel in the realm.'

'Weel, again ye hae come tae the richt place, cos I hae it!'

'Will ye gie tae me?' asked Jack.

'Only upon the condition that ye work in my diamond mine for a month and a day.'

So Jack agreed tae work in the diamond mine. The lassie telt Jack it wis much harder than the coal mine cos diamonds are very hard rocks.

In the morning Jack croaked himsel wi workin the hard graft o the diamond mine and eventually he got the work finished. He started tae faa in love wi the young lassie. The puddock gaed Jack a huge emerald and telt him that it wis the finest jewel in the realm. Jack took it back tae the king and the wise men claim Jack has won the kingdom fair and square. The twa brithers complain vehemently, so anither task has tae be performed. This time the task is tae bring back the best wife wha is fit tae be the queen.

Again they are given their feathers and they go after their feathers but Jack's feather fell doon the brander. Jack wint doon eence mair tae the bowels o the earth and knocked upon the jigger. The lassie let him in and he wis again invited tae see the puddock king and he telt him aboot the bride, but he telt the puddock that he hid chosen his daughter as his bride and he asked for her hand in mairriage.

'Aye,' he says, 'but it will cost ye a price! Ye will hae tae work in my salt mine for a month and a day.' Jack agreed.

The lassie telt him that the salt mine wis very cruel and it blins ye. Jack grabbed the bull by the horns and he worked very hard. Eventually, he finished his third task and he received his fair prize and he took her back to the king in the castle. She wis the prettiest girl and the king agreed, but the brithers caused a barney again. They claimed that because she wis pretty, their wives were probably as talented. So a new competition wis set for the girls. They were to hae a race to run to the top of the castle, but firstly they hid tae run half a mile over a designated trail and then swim the moat and run up the stairs to the top of the castle, where the king would await the winner.

The night before the event, the twa brithers filled Jack's wife's course wi snares and snags to hinder her so one of their wives would win. In the morning the race wis set and the brithers' wives were rinnin fast, but Jack's wife wis being hindered and by the time she caught up, the ither lassies were swimmin the moat. Remember her faither wis the puddock king, so she swam very fast over the moat, but the ither girls were climbing the stairs of the castle. Once she swam over the moat she looked up at the high wall and with one mighty upward puddock leap, she wis right in front of the king. The king proclaimed Jack and his bride as the king and queen.

The brithers couldnae argue any more and Jack made friends wi his brithers and shared his kingdom wi them and their wives. The puddock king returned as a man and telt Jack that he wis under an evil spell and that the curse wis broken. So Jack really did mairry a royal princess. At the wedding, they brought peace and prosperity to the land and they hid plenty o sons. Both heirs and spares – so the kingdom was in safe hands! ∿

Thus ended the day o gan for the monteclara.

5

JEANNIE'S CHILDREN'S TALES

Usually mi Auntie Jeannie sang tae ye but upon occasions, she wid tell ye a story. This nicht as a particular gesture o kindness for being guid kenchins, she made an appearance intae weer tent. Jeannie kept an awfie flourishin whin she telt ye a story and she aye took sae lang tae tell ye it.

Maistly it wis aye a story cawed Silly Jack and the Facto, but this time she wis gan tae relate a witchie-poo story. Aa the bairnies were excited cos we liked witchie tales, but afore she telt us the story she sang us a wee song aboot a poor wee monkey and she sang 'Cherry, cherry be, spare a penny for the monkey,' and after floochlin and flourishin, she began the tale.

'Nae last nicht but the nicht before, three wee catties came tae weer door, yin got whisky and yin got rum and yin got a poker up its bum. And that's whit ye bairns will get if ye annoy mi whin I'm telling mi story, cos unlike the ballads it's hard tae concentrate on a story if ye get disturbed during the telling, so aabody lie back and dinnae mak a cheep oot o ony o ye or else ye will get a laying on like a cuddy.'

We aa kent that Jeannie wid niver hit a bairn; she jist hid a roch tongue on her at times.

Weel, at lang last she started the tale.

∽ Ye see, bairns, lang, lang ago there were an awfie lot o witchies gan abroad aa ower the land and some were real bad auld evil middens and ithers were jist hairmless auld wifies that looked a bittie weird and ugly but fowks were very wary o them jist in case. Noo Auld Eppie wis a boglet o an auld culloch and she wis very dumpish and she didnae ken a bee frae a bull's fit nor a duke's egg frae an acorn, but she commanded respect frae aa her neighbours. People were trash o her maybe pitting a curse on them and her infamy wis weel spoken aboot. Ye ken yersels, if ye get the name for something then it sticks; it's like getting a name for being a guid riser in the morning then ye can bide in yer kip tae the kye come hame. It's aa aboot haeing a name for something.

Auld Eppie also wis known for haein a lot o lowdy and loor stashed awa in a secret cache in her wee cane, but fowks were aa too feart tae brak intae her hoose because o her reputation as being a witch. It sae happened that Auld Eppie wint tae the market tae buy hersel some flattern for her supper and the merchant hid salmon, trout, haddock and cod for sale alang wi yella fish and bloaters, spelding and big kippers and the auld culloch got a bargain on her kippers and she bought three kippers. And twa o the kippers hid twa yaks and the third kipper hid an ee missing. Onywye or anither she took her kippers hame wi her tae hae for her supper. ∽

'Mind ye,' said Jeannie, 'that auld woman must hae hid the stamache o a rhinosterige cos I hae a weak stamache and I wid die wi the waiterbrush if I ate een kipper let alane three.'

Though I saw mi Auntie Jeannie last week eating a big yella Aiberdeen finnan haddie that wis bigger than the pan. Ye aye got a commentary aa the wye through the tale and she wid gang aa through her story and she wid get revelled aboot whit bit in the story she wis at. 'Noo, I hae lost mi trend o thocht. Whar aboot on the story am I?'

'Ye were at the bit whar she teen the kippers back hame and she wis getting ready tae mak her supper.'

'I wis jist testing ye tae see if ye were listening!'

~ Weel, she stoked up her fire and teen oot her skillet and it wis fair piping hot. Then the first kipper wis spitting blue sparks and fiery ends ontae the fireside and she sorted oot her sway so she hid a clear access tae her glimmer. Noo, she teen oot the first big kipper and it sizzled intae the skillet and ye ken that kippers mak a lot o strong powerful reek and the savor wint aa roon the hoose.

It sae happened tae be, by chance, that three robbers came tae the village whar Auld Eppie bade and they were drinking intae the taivern and getting mair boozier by the second. New Dutch courage wis taking ower their senses so they decided that they wid rob the auld culloch's hoose, despite her shan reputation, and they decided on a plan tae gang doon the auld woman's lum and she widnae ken that they were coming. ~

'Noo, ye ken, bairns, how important a lum can be in a story cos it's aye an entrance intae a hoose like Silly Jack and the Factor.'

'Aye, Jeannie, wi ken that story weel.'

~ Then the first robber wint doon the lum and the first kipper wis ready for eating. Auld Eppie said tae the kipper, 'Weel, ye are the first yin in the lum and I will roast ye and toast ye and hae ye for mi supper.' So the robber wint awa cos he didnae want tae end up being a witch's supper and he wint back and telt his freens.

The second robber, he wint jist as the second kipper wis being cooked and she said tae the kipper, 'Noo, ye are the second in the lum and I will seen get rid o ye like I did the first yin. I will roast ye and toast ye and eat ye for mi supper.' So the second robber ran awa as weel.

Then the third robber, wha hid a yak missing as weel, he wis a bittie mair bolder. She said tae the kipper, 'And noo, for the third yin in the lum. Aye ye wi the one yak upon ye, I will roast ye and toast ye and hae ye for mi supper.' He didnae ken fu she kent that he only hid one yak so he ran for his bare death and life and the auld culloch enjoyed her supper and never ever kent the danger she wis in. ∼

'Noo, bairns, settle doon and gang tae slum!'

'No, Auntie, bide an tell us one mair wee story an we'll promise then tae gang tae sleep.'

So tae please the bairns she started tae tell a Traivellers' version o The Wee Bannock.

THE WEE BANNOCK

An auld-fashioned bannock used tae be made wi oatmeal, salt and suet and the peer Scottish hantel ate them aa the time and this is a story aboot a very special bannock.

Many and many a year ago in Scotland, fowks were gan through a hard-up time and aa kinds o food wis very scarce and the only thing in abundance wis curly kale, so fowks hid tae mak it taste the best they could. There wis fried kale, boiled kale, stewed kale, hot kale and cauld kale, but whitever wye ye got it presented it tasted horrible; there wis nae alternative unless ye hid coos and goats whin at least ye could mak caishie and curds and whey but maist o the peasants ate the curly kale.

An auld culloch made a pot o stewed curly kale and it wis steaming on her glimmer in the ingle and her man said, 'Is there naething else in this hoose but scabby kale?'

'Weel,' cried the auld wife, 'I am nae sae happy eating kale but there's nae anither bite o habin in the cane so if ye dinnae like it ye can hing yer heid abeen it!'

The auld woman gaed oot tae the gairden well tae get some fresh monteclara and it wis a blistering day o heat and there came a wee elfin mannie puffing and peching and the auld woman asked whit wis wrang wi him and he telt her he wis dying o thirst.

'Weel ye can drink as much o the crystal waater as ye want, mannie.'

'I am nae permitted tae help masel tae the humans' waater but if ye pit a glass or a stroop tae mi lips I can tak it frae ye and I will reward ye, missus. Ye see this bag I hae is full o the finest ground elfin oatmeal and I will gie ye a fill o yer apron lap bag tae cook a fine thing tae ye and yer gadgie.'

The auld manashee gaed the elfin gadgie a slochie o her waater frae the well and he drained her cup three times and then he opened up his sack and filled her apron lap bag wi the oatmeal and the auld woman got so excited she tripped ower a steen and she scaled aa the oatmeal and the birds came doon like vultures and were devouring her oatmeal and she only managed tae save a wee handfae o the precious meal.

She came intae her cane and she telt the man that she hid managed tae get some oatmeal and enough tae mak a wee bannock tae share between them and taste their mooths awa frae the taste o the curly kale. Whit a braw savor wint roon the hoose as the wee bannock wis cooking and they were smacking their lips at the thocht o it and their mooths were fair slavering for a change o habin. At lang last it wis ready, smelling wonderful and appetising and it wis placed on a big platter tae cool doon a wee bittie and then the auld gadgie got his big knife ready tae dae the honours.

Ye see this wis made oot o the meal frae the elfin miller's mill so it wis nae ordinary bannock. It wis a wee magic bannock and it wis newly born and it opened up its yaks and thocht tae itsel, 'I am newly born and mi fowks are haeing a special birthday celebration for me cos I am on a table and whit fine party things and cakes are they gan tae gie mi.'

Then the auld man picked up the big shairp knife and made a darriach tae cut it up but the wee bannock jumped frae side tae side and avoided getting cut up and it jumped aff the table and ran for its bare death and life and it ran intae the street being chased wi the auld culloch and potachin wi the knife and the peer wee magic bannock saa a kirk and it ran in there for safety. It jumped on the minister's table and there wis a plate o fried curly kale and the minister wis saying grace for his food and whin he opened up his een he saa a bonnie, tasty wee bannock and he shouted, 'Mi prayers hae bin answered and I got a wee bannock sent frae heaven!'

He wint tae cut up and eat it and the wee bannock jinked awa frae the minister and ran intae the street and the auld man and woman wi the knife were pursuing it wi eager feet followed by the minister wi a fork and knife and it wis roaring holy blue murder for somebody tae save it frae getting devoured. It ran intae an army barracks room whar sodjers were playing cairds and then een o the sodjers saa it and they aa chased it wi the fixed bayonets. The wee bannock ran awa again intae the street and wis chased by the auld man and woman wi the knife followed by the minister wi the fork and knife and three roch sodjers wi fixed bayonets. The peer wee bannock wis peching sair but kept rinning like the living wind until it came tae the smiddy whar the huge blacksmith wis at his anvil and he spotted the wee bannock and he chased it wi his sledgehaimmer. The wee bannock thocht tae itsel, 'I am newly born intae this evil world and aa the fowks want tae cut mi in bitties and eat mi up.'

Again it ran tae a fairm and aa the fowks that saw it chased it wi pitchforks, spades, hoes and ony instrument they could find cos everybody wis fair starving and the wee bannock wis getting chased by the hale toonship aa wanting tae eat it up. Then it ran richt up tae a waa and it wis captured by the waa and it prepared itsel for its doom. Then a wee jigger opened up in the waa and a lady puddock came oot and asked it whit aa the commotion wis aboot and she teen him intae her wee hoosie in the waa. It sat doon on a chair tae get its breath back and the kindly lady puddock asked what aa the fowks were needing tae dae tae it.

'Whit cruel, heartless beasts they fowks are! How could they even consider cutting ye up intae bitties? Ye see, I wid only swallow ye hale!'

And she opened her cavernous mooth and she swallowed the wee magic bannock hale and that big gulp ended the wee bannock.

The auld Traivellers used tae say that fowks can be cruel tae things they dinnae understand and that Traivellers got a lot o coorse treatment frae some o the communities they bade intae. Yet is wis a wee magic bannock and wha kens whit kind o powers o magic it hid and maybe it could hae telt them fu tae get food and fu tae live better but it never got a chance tae shine or explain itsel. We were aye brought up nae tae kill insects or beasties for nae reason cos everything that is on the earth should hae the richt tae fulfil its creation cos everything his a purpose in life. ∼

'Noo, bairns, gang tae slum!'

6

THE MINISTRY OF FOOD OFFICE

Mi mither wis very short on ration coupons while we were at Dess, so she sent mi sister Nina tae get the train intae Aiberdeen and tae get some emergency ration coupons frae the food office in West Craibstone Street.

Nina and me caught the train intae Aibrdeen frae the wee station at Dess. Nina wis still in the army cos she wisnae demobbed yet and she wis wearing her ATS uniform. Whin we came aff at the Joint station we made weer wye up tae the food office for tae get the emergency rations.

Maistly, it wis aye tea, sugar and sweetie coupons wi wanted but the man gave us soap coupons as weel. Nearly everything wis still rationed but intae the country we aye got plenty o eggs and occasionally a gannie frae the county hantel and there were plenty o rabbits for tae hunt for the pot. Mi nesmore telt us nae tae come back tae Dess cos we were aa moving tae the auld road of Lumphanan tae dae the cranberries.

Aifter Nina and me got the coupons, we bought some tea, sugar and bread for tae tak oot tae the auld road. Oor fowks aye camped at the Tree o Life bittie, and I jist adored the auld road o Lumphanan. We caught the Tarland bus oot tae the Parkhill shover and we wint intae the shoppie and Nina bought mi a

58

cake o Highland candy, but mi mither didnae like us eating smackery, so I hid tae gobble it doon quickly.

We met a couple o weer reid-heided lassie cousins and they were gettin some yerim frae the fairmies. Mi nesmore and mi Auntie Teenie also came oot o Muggie Macgregor's farm and mi mither wis cairrying a quart joog o yerim and I wint and teen it frae her tae cairry back tae the camp. Alang the wye I could hear somebody playing the bagpipes and a fine savor o cooking wafted doon yer thrapple. The blue sparks o hunger wis ravishing inside mi weams and I wis fair screaming for mi habin.

Whin we arrived, aabody hid eaten except Nina and me and auld Nancy wis frying big blue duke's yarrows on the glimmer and the slab wis boiling on the wambling koocavie and it smelt wonderful. Nancy gave me a big doorstep o buttered dech wi the big duke's yarrow and a joog o tea and it tasted jist wonderful and mi appetite wis satisfied. And as a wee laddie I jist thought tae masel that the kingdom o heaven couldnae be better than this cos I wis in a place I dearly loved wi aa my favourite relatives. Climbing the cranberry hill there wis a drove o women and kenchins and ye worked wi a little hand rake and that separated the cranberries frae the blueberries and we filled big baskets o them. They werenae sweet like the blueberries but were harsh-tasting mair like rodans. I loved listening tae the manashees telling their tales and singing their sangs on top o the Parkhill.

The view frae the tap o the hill wis spectacular and in yer vista panorama ye could see Benaheilie, Benachie, Morven, Lochnagar and Clochnaben. Ma mither telt us the story o Martha and Martin Bairdie, wha bade intae Lumphanan during the lifetime and reign o the Gaberlunzie king.

THE BEGGAR KING

The Gaberlunzie king wis a great hero amongst the Traivellers; wi sang heaps o ballads aboot him and we telt dizens o tales aboot him. Of course, lang ago, Lumphanan wis a kingdom cos King Macbeth actually wis killed there at the battle o Lumphanan. Oor bairnies aa kent the real history o Scotland and although very few o the auld fowks could read or write they kent their history and they telt us that Macbeth wis a guid king and he got rid o King Sweno at the Battle o Dallas Dhu near his castle at Cawdor and actually Macbeth's wife Grunoch wis the real heir of the Scottish throne but her lineage frae Malcolm the Second changed tae Malcolm the Third and Duncan, wha wis the son o the bishop, got the throne, but Macbeth wis a true claimant cos he wis a cousin o Duncan. Shakespeare made him oot tae be a villain but wi bairnies kent different.

Noo, the Gaberlunzie king came a puckly years later on the scene but he wis inspired by the caliph o Baghdad, Haroun al-Rashid, wha used tae dress up as a tramp tae find the true heart o his people. Oor king did the same and legend hid it that een time he came tae the auld village o St Fillans and a woman cawed Annie teen him in and she hid a lot o reek blawing oot o her lum and he said tae her, 'Yer lum's fannin, Annie.' Thus the strange name o Lumphanan.

On this cauld November's nicht, he wis seeking for shelter and he wint tae a rich man's fairm and he wis booted oot intae the cauld stormy nicht. He later found himself outside a richt hovel o a delapidated fairm and he knocked at the jigger and manged tae the auld culloch, wid she let him in for a short stay cos he wis freezing tae the marrow, and the auld manashee let him intae her warm cane. He wis very glad tae be inside the hoosie.

He manged if she hid onything tae hae cos he hidnae eaten for ages and the auld culloch telt him she jist hid a wee suppie porridge for her and her man, but she wid surely share wi a poor beggar cos she thocht that it might be Jesus. He walted doon the bowl o porridge and even licked the plate and the auld wife said, 'Are ye still hungry, laddie?'

He said he wis still peckish and she pit on a big pot upon the sway o her glimmer. She put in a wee suppie saut and she wint oot and came back wi twa or three wee frozen winter neepies and they were as hard as the earth, but she cut them up wi an axe and pit them intae the pot. Then she got some strange heathery roots and funny spicy herbs frae outside and she pit it aa in the pot and she let it bile for ages until she thocht it wis ready. Then she washed a big stane and she champed the neeps and roots and herbs aa the gither. She then served them up tae the beggar and he wolfed them doon. It wis the finest poor man's food dished up tae him and he wis happy.

'Ye can tak aff yer wet claes and dry them against the fire and ye can sleep next tae the fire and cover yersel ower wi some sheep's fleeces.'

The king wis overwhelmed by the poor fowks' kindness tae him.

'I notice yer fairmie's in very poor order,' said the king.

'Fine dae wi ken that – and it's aa the fault o that scabby king that rules us.'

'Surely ye cannae blame the king for that?'

'Weel, mi three bonnie laddies looked aifter the fairmie and teen awfie guid care o us, but the king conscripted them intae his private army at Edinburgh Castle. One is his piper, John Bairdie, and his brither James is his fiddler, and young Martin is also a piper as weel. When they were conscripted tae the army, auld Martin and masel were too auld and feeble tae dae fairming.'

'I am awfie sorry tae hear that, but ye will be blest for yer kindness.'

Next morning the king got up and the auld woman gave him a wee box and in it were three little hard winter neepies and she telt him that if he wis very hungry jist tae bile them or even nibble at them raw cos it wis guid fare.

Noo, the king as the king wint tae een o the big castles and wis welcomed as the king and seen he made his wye back tae Edinburgh Castle. The first thing he did wis commanded tae see John Bairdie and he telt him he wis nae longer required tae his service, but tae gang hame and look aifter his auld folks. He gave him a gold piece tae help them on and he telt him tae tak his twa brithers as weel and that their sodjering wis over and tae gang hame and sort the dilapidated fairmie up.

The three laddies were then reunited wi their parents and the hale hoose rang wi glee and music. A week later the king sent a herd o his finest cattle tae the auld folks. He sent them money and plenty o bawbees. Soon their fairmie wis thriving and daeing weel. The wealthy fairmer wha hid chucked oot the king asked them why they were daeing sae weel and they said, 'Wi gave food and shelter tae a beggar and it wis the Gaberlunzie king.'

Some time later the king came back and he called in tae see Martha and Martin and the Bairdie lads and he gave them land, riches and pastures new as weel. Word wint abroad that the king wis biding at een o the local castles, so the coorse wealthy fairmer wha booted the king oot intae the November storm decided tae tak his best piebald stallion worth a ransom tae gie as a present tae cut favour wi the king. He wis ushered in tae see the king and he presented the king wi the rare stallion. The king wis pleased but told the man he could not accept sic a fine beast withoot him receiving a gift back in return. The king wisnae a balmstick and he weel remembered the boot up the airse frae this man.

Then the king gave the man a bonnie oblong box and he said this is a priceless gift from me to you. The gadgie smirked like a kipper and wondered whit kind o a jewel he got in return for the stallion. Whin he got hame and opened it up there were the three wee hard winter neepies that Martha Bairdie hid given him on leaving her hoose.

So ye never ken wha ye micht be showing a kindness tae cos kindness is its ain reward. ∽

7

THE GOLDEN FISHES O WISDOM

Een fine late simmer aifternoon, I wint doon tae the Lumph-anan burn and Isaac Higgins wis washing some half a dizen bonnie wee golden fishes. I speared tae him whit kind o fishes they were and he telt me that they were the Golden Fishes o Wisdom.

'Did ye catch them in the burn?' I asked.

'Tae tell ye the truth, I was actually gurdling for troots whin I got the bonnie wee Golden Fishes o Wisdom.'

'Whar dae they come fae?' I asked him.

'Awa beyond the beyonder there lies a braw golden castle and it belonged tae a Laird o the Black Airt wha didnae hae muckle savvie o the airt, but he got aa his wisdom frae the sax Golden Fishes o Wisdom and they telt him everything he wanted tae ken. In return he kept them locked up in his deep castle moat and aa they wanted wis their freedom and liberty. The laird fed them but he wid niver set them free and he kept a vigil ower them.

'Yesterday I wis hawking up that wye and I spoke tae the wee fishes and they asked me if I wad help them tae escape frae the prison moat. So withoot ony hesitation I asked them whit tae dae and they telt me tae tak mi pocket knife and start tae loosen a steen at the water edge, then if it wis big enough then they wid aa escape. Weel I hacked aboot the steen for a half an hoor and eventually a sma trickle o waater turned intae a torrent. The sax wee Golden Fishes swam awa tae their freedom but they soon came intae the Lumphanan burn and by accident I caught them, I gutted them and Lizzie filleted them and now I am washing them for the frying pan.'

Wi big tears in my yaks I asked him fu could he eat sic bonnie wee golden flattern, especially whin they trusted him. The saut tears were flooding mi een and I wis sobbing and munting sairly. Then he gaed them tae mi Auntie Jeannie wha hid the pan with fat in it aa ready for frying. They smelt really tasty but I wis too broken-heairted tae eat them.

She said, 'Come on, wee Stanley, and get a fine bittie o this golden flattern tae taste yer mooth.'

But I declined cos I couldnae eat the wee Golden Fishes o Wisdom.

'Aaricht, fish gies ye brains but they are jist yella cutlets Isaac bought frae Aboyne this morning,' Jeannie telt me.

'That's no whit he telt me!'

'Isaac, whit pechums hiv ye be telling the wee laddie cos he winnae eat the fish? See you, wi the varicose vein upon yer stronach, breed o the Blustrums, how dare ye pit a bairn aff his habin wi yer lies!'

Later that day, mi ain mither fried mi a duke's yarrow and I ate that aaricht.

Whilst I wis eating mi supper, Beerie Davie, wha sailed oot on trawlers frae Aiberdeen, come in aboot the camp and got his supper frae mi mither. He aye liked tae tell stories o the sea. He started tae mang, 'There are mair mysteries on earth than there is in heaven and there are kingdoms under the sea whar submarine people dwell. I will noo tell ye a story o some o these people, like the Locknie, Atlantians and ither strange underwater-fowk inhabitants.

THE KINGDOM UNDER THE SEA

Inside een o they submarine lands under the sea, there wis a beautiful land and it wis aboot fifty mile lang and ten mile broad. It hid the ocean floor as a firmament and at its ends the ocean used tae cascade like a mighty waterfall. Yet all manner o vegetation, fruits and animals thrived and the people breathed fresh air produced from above and carried doon intae the kingdom by air shafts. The people were a tall, handsome, blue-eyed and flaxen-haired people and they never ever hid wars, rows or ructions. It wis a pleasant land tae bide intae.

It so happened that the young prince o the land wis at an age o getting a wife tae insure the lineage and he wanted a wife wha could sing bonnie lullabyes tae his bairns whin he hid some. Noo, there were some real beauties in this land but nane that could sing the wye he wanted so he searched his realm frae end tae end looking for his perfect bride. His nesmore telt him nae tae be sae fussy or pernickety cos ideal woman were very hard tae get. But the fella wis a perfectionist so he gaed on adventuring oot wi a servant tae seek his ideal manashee.

Weel, he travelled and rambled for many a mile and he couldnae find the quine he wis searching for. It sae happened on a tiresome, hot day that the tropical sun shone richt through and penetrated sae far through the ocean above that he decided tae hae a rest for a while frae his deeking.

He sent his servant intae a village tae get some porter tae

refresh themselves. While his manservant wis awa he rested doon richt near the ocean waterfall at een end o his kingdom and it wis cool and refreshing cos the waft o the ocean spume cooled him doon. As he wis luxuriating on his repose he heard a beautiful voice chanting in the background and he deeked tae see whit direction the singing wis coming frae. He strolled alang tae a big, flat, glassy steen which wis flat as a pancake and very clear crystal and he looked doon through it and he saw a maist beautiful mermaid wi lang sea-green hair and big huge blue yaks upon her and her voice wis like the siren o Atlantis that used tae chairm sailors tae their doom. The mermaid wis absolutely perfect in every wye and as he deeked doon tae her combing her lang sea-green hair she saw his reflection in her mirror and she deeked back up tae him. She pit her hands tae her mooth and she blew him a kiss and he responded back tae her.

Whin his freen came back wi the peeve he telt him aa aboot the mermaid and that she sang like an ocean mavis and that wis the girl he wanted tae mairry. Baith o them looked at her through the flat crystal-glass steen and she got a wind o them baith, so she bung avree back intae her beautiful sea pool and oot tae the ocean.

'Yer ugly moy his frightened aff mi bonnie mermaid,' the prince said. 'I dinnae want ye coming here again. I can communicate wi her through a sign language.'

The manservant bung avree only tae come back wi habin and peeve so he bung avree frae the place and whin the prince wis there by himself she came back again and sang tae him. They pointed tae their lips and they threw kisses tae each ither and they were very happy together.

The young prince informed his nesmore, the queen, aa

aboot his singing enchantress and that she wis a mermaid o great beauty and he wanted tae mairry her and she wid have a replica green pool made for her tae swim intae and that she wid be content tae leave her sea kingdom and bide in the palace wi them.

His mother wis a bit wary o this proposition and she telt her son that it wis nae a guid liaison cos his kenchins wid be like selkies and they wid find some bad problems but he insisted that love wid conquer all.

Every day he gaed back tae the special place and he ordered his men tae brak doon the glassy steen wi a diamond drill but it only cracked the steen and it meant he couldnae see his beautiful siren so he stopped the work cos the steen wis strang, impermeable rock and he widnae see his beloved in her special green pool below the steen. He continued tae visit the spot and he couldnae see her but he could hear her singing very faintly. Every day he made his vigil o love but he wept every day for hoors on top o the cracked glassy steen and then een day he let big salty tears faa upon the cracked steen and the whole steen fell in tae the pool and he saw the mirror and comb but she wisnae there. He thought that perhaps she wis oot in the ocean swimming but he loved her sae much that he got a strang rope and he climbed doon intae her pool and it wis a thick, slimy seaweed pool and the waater wis stagnant and he swam tae her rock whar she used tae comb her hair and sing to him.

In the distance, swimming in the clean ocean waves he spotted her coming and she looked absolutely radiant as she came oot o the sun and started singing and pointing tae her mooth and he responded by shouting upon her and throwing his kisses back in return. He wis very excited aboot her becoming his wife but as she grew closer she got bigger and bigger until she came sae close tae him that he noticed she wis aboot ten feet lang and she hid rows o lang shairp teeth and she sported huge gills on her neck underneath her lang braids o hair. Instead o throwing him kisses he realised the signs meant that she would like tae eat him. Whin he realised whit the signs were telling him, he jumped up tae get the rope tae pull himself oot o the water whin she leapt up and bit him in the calf o his leg. She wis as dangerous as a tiger shark. He frantically squealed oot for help. His sodjers managed tae get him oot o the deep green cave and he ordered them tae cover it ower wi a strang covering so she wouldnae get oot o her domain tae inflict hairm untae a peer unsuspecting underwater marine dweller.

Whin he came back tae his palace his nasty wound wis dressed and bandaged up and his mither telt him, 'Dinnae gang looking too far for a guid wife cos there is somebody probably nearer than ye think!'

The young prince noo reflected upon his stupidity and realised that fowks frae separate worlds couldnae get hitched.

His mither said tae him, 'Weel, laddie, ye hid a close escape but tae tell ye the truth I aye thocht that there wis something fishy aboot that siren deem.' ∾

Albert Stewart, wha wis sittin wi us, telt us that he wis brocht up in the Eelie Raw village on the Buchan coast. He telt us his local village's haunting story aboot the sea.

THE GHOST O THE EELIE RAW

It wis the nicht o the Sowen, whin aa the witches and warlocks gang abroad and the deid come back tae visit the living and the fisher fowks pit cake, cheese and wine oot for the loved eens that are crossing the great void tae be wi their ain fowks. The Sowen, Halloween and All Hallows' Day is the same day but celebrated in different cultures in various wyes.

The fowks o the Eelie Raw were a very close-knit fishing community and the wee Buchan village consisted o only a wee tiny harbour and a few wee yawlies for the local families tae fish in but the waaters there are very bad and during the ducket storms many fishermen lose their lives tae the cruel hungry sea. Only wee beeries could come intae the wee harbour and the village only hid een street and that wis the Eelie Raw. It started frae the harbour up tae the hoose at the tap o the Raw and intae that wee fisher's keir bade auld Mugzie Mennie.

It wis getting on in the evening and twa ither wifies were in keeping her company and making slab and biscuits. The hale Eelie Raw wis in a blicker cos o the nicht o the Sowen but auld Mugzie wis in a very depressed and anxious mood and fretting an awfie lot as she prepared for tae pit oot habin for her man and son wha were baith lost at sea.

'I am awfie feart taenicht cos it is ten year thenicht that I lost mi Jimmy and wee Andra and taenicht is extra difficult for mi tae be biding on mi toad.'

The ither twa women hid tae get back tae their ain canes afore the midnicht bells rung and then the deid wid come back tae visit them. Then peer auld Mugzie wis her leaf alane at the stroke o midnicht and there wis a thick rolling haar coming aff the sea intae the hooses and it tasted o seaweed and it clung tae yer nostrils and the air wis very heavy and dank.

'O dear me, I am sae trash tae be on mi lane this nicht cos I can feel a feeling o foreboding in mi soul and I jist ken that I will get a visitation o some sort.'

She pit a few mair peats intae her ingle tae keep warm for

it wis awfie cauld through the deid ceilings o the nicht. She drunk slab tae keep hersel alert for the manifestation she felt wis gan tae happen. The haar wis moving intae her wee hoosie and ye could taste it on yer tongue so she opened her jigger and it looked right intae a stracht line doon tae the wee beerie harbour and as the haar shifted and drifted up frae the wee harbour she could hear like a strange eerie clanking coming frae the harbour. In the distance she noticed a very big man wi a beard and huge stature trodging up frae the harbour and he wis cairrying a fish cleek in his fammels and it wis stoating aff the cobbles in the Eelie Raw making a shan clunking soond. Her heartbeats were keeping time tae the rhythm o the clanking fish cleek and she kept her yak upon the ghostly fisherman wha wis stalking the Eelie Raw but he passed by aa the canes and it looked as if he wis making for her keir. A fearsome panic teen ower her hale being and she wis gasping for breath and still the ghostly figure came nearer her cane and in between there wis wafts o the thick smelly haar coming intae her hoosie. Noo she wint up her stairs and she locked her sneak o the jigger an she ran tae her wee bedroom and she hid behind her thick drapes o her windae. She jist kent that this wis Death deeking for her on the nicht o the Sowen.

The clanking o the fish cleek wis getting looder and she wis jist aboot tae swoon wi faint. She heard her front latch lifting and the sneak lifting and the ghostly cratur wis in her living room jist doon the dancers and it wis walking aa roon her living room and she heard it moving. The flattern cleek wis still clunking and then horror o horrors, she heard heavy footfalls on her dancers coming up tae the jigger o her bedroom and she couldnae breathe. Then through her tilley lamp light she saa the shadow o a man aboot sax fit five, wi a big black beard, coming closer tae the curtains whar she wis hidin frae him and then the ghostly figure pulled back the curtain and lifted up the flattern cleek and pit his strang airms aroon her and shouted, 'Ma, I hae come hame tae ye!'

'But my wee laddie died, drooned at sea ten years ago the nicht and it his broke mi heart cos I lost baith mi man and mi wee laddie on the cruel nicht o the Sowen ten years ago.'

'Na, Mither, mi faither wis drooned but I wis rescued by a Norwegian boat and I jist bade wi them until taenicht and I asked them tae drap mi aff at the Eelie Raw harbour o this wee fishing village and they did and noo that I am hame, Nesmore, I winnae leave ye again cos I will work on the land and provide for ye, Mither.'

The auld woman wis ower the moon and she cawed in aa her neighbours and everyone in the fishing hamlet wis sae happy that her laddie came back tae her, even though it teen him a decade.

'Weel,' cried Mugzie. 'The nicht o the Sowen is when yer deid family come hame tae visit ye for a nicht, but taenicht it brought mi back baith the deid and the living, in een glorious nicht o the Sowen.' ～

Thus ended the day and nicht o the stories o the maritime.

8

THE TWA BOGLETS

Een evening aa the hantel wis manging aboot a lassie wha wis getting spliced tae a wealthy kind o cheil and that she wis a bit o a boglet. Jimsy piped up and said, 'It's nae aye looks that men like in a wife, it's sometimes an inner quality that shines through!' He then started tae relate a funny story aboot a wealthy fairmer in Rhynie wha didnae hae a bonnie daughter but he wis offerin a big dowry tae the man wha wid mairry her.

THE UGLY LASS O RHYNIE

Alice wis a slim, plain dilly and she wis a guid grafter but nae man came a courtin.

It sae happened that a new single minister came intae the pairish and he wis gan roon aboot aa the parishioners tae introduce himself. He then heard the auld fairmer wisnae weel and he wis sent for tae mak oot his will. The minister came up tae the fairmer wha got the name for being very wealthy and he witnessed the will being written and the auld man hid a scribe writing for him.

'Tae mi son, I leave one thoosand pounds, and mi fairm tae

mi wife, but tae mi daughter, Alice, I leave twenty thoosand pounds.'

The minister's lugs fair cocked up cos that wis an awfie amount o lure tae gie his dochter.

'Ye see, Alice is very plain tae look at but she his a guid heairt and her dowry micht jist be an incentive for some lad tae mairry her.'

The minister thocht tae himsel, 'I really need a wife tae be a help-meet tae me work and plain lassies aye mak the best wives for ministers.'

He then started tae coort her dearly and she wis over the moon. Of course it wis the thocht o the twenty thoosand pounds that wis the real attraction. Aifter a couple o weeks passed they became an item and she got weel respected for being the sweetheairt o the new minister and ither lassies in the pairish were jealous o her getting sic a cleek.

As the wadding grew nearer a sense o excitement filled the air and he began tae faa in love wi Alice. The faither actually got weel again at the prospect o his dochter's wadding and he hid a heart-tae-heart talk wi the minister. 'Remember, mi dochter has her dowry tae get the day aifter the wadding so come up tae the hoose the day aifter tae collect her dowry.'

He wis ecstatic wi joy o being a wealthy minister cos the wages frae the kirk wis but sma and he hid lang hoors tae pit in and a very large pairish.

The wadding wis a splendid affair and aabody that wis ony-body attended it and he wis mairried by the bishop o the diocese and the nuptial feast wis superb and everything wint well and they were baith very happy. Noo, wi the twenty thoosand pounds, he wis gang tae gang tae Paris for a honeymoon.

The next day the couple wint up tae the auld farmer's hoose tae collect the twenty thoosand pounds and he hid a very smairt case tae cairry the money intae. 'That's nae big enough!' cried the auld fairmer. 'Ye will need a lot o sacks tae get the twenty thoosand pounds.'

He instructed his ain loon tae tak the minister tae get his wife's inheritance. The loon teen the minister roon tae the barn and there wis a big weighing machine, a large shovel and the biggest load o horse's dung ye ever did see.

The loon said, 'I will gie ye a hand tae shovel it up and we will hae tae pit it in the sacks and I assure ye I will weigh aff twenty thoosand pounds tae ye, even if it taks mi aa aifterneen.'

The minister's jaw drooped tae the grun wi sheer disappointment cos he thocht that it wis pounds as in money but it wis 'lbs' as in weighing measurements.

The minister teen the dowry and fowks asked him if he wis dealing as a sideline in manure and that they wid buy it for the cultivation o their crops. The minister made a sma Klondike wi selling aa the horse's manure tae ither farmers so it ended aff that they made enough tae gang tae Paris for their honeymoon and they ended aff being very happy together ever aifter and she wis an ideal minister's wife. ∾

Then up piped Decky, 'Weel, that wis jist a story, but fit aboot Muggie Kate?'

She wis a lassie wi aa kent weel and aabody cawed her the Boggan Dreep.

THE BOGGAN DREEP

She wis a queer deeking lassie and she wis the height o tuppence halfpenny and her folks aye dressed her in a scabby green frock and great big muckle tackity beets that made her look completely stupid. Her leggies were unca sma and her moy wis like a wrinkled prune and very roch. Noo, her hair looked like black straw and nae a man wid gie her a second look cos she deeked sae orra looking. Yet she wis a braw grafter and her nesmore aye sent her tae cadge jobs frae the fairmers: she could pick tatties, shaw neeps and she could milk the cattle. Perhaps her best attribute wis she hid a kindly heart and a helping hand for aabody.

Although she wis a bit o a joke tae aa the lads she kept hersel tae hersel. A rich auld blind man came intae the area and he bought the big mansion cane. Noo, he hid plenty o everything and he owned hooses and lands galore. Whin he applied for a live-in hoosekeeper for the big haa, Muggie Kate applied for the position and she got it. The auld mannie Shaw, wha wis like the laird o the shire, teen an awfie liking tae Muggie Kate and aifter three months he asked her tae be his wife and she agreed tae be so. Soon she wis everybody's favourite and she remembered the fowks wha were unkind tae her cos aa the young lads depended upon on her for their jobs. She kept them aa on their toes and they hid tae bow and scrape tae her for favours noo.

Nae mair is she a Boggan Dreep but noo she is addressed as Mistress Shaw and she his the respect ower aa the district and she opens fairs and village fetes. She is adored by the auld blind gadgie wha gies her onything she asks for. ⁓

At least that is a true story aboot Muggie Kate and baith these boglets o women ended aff very happy. Sometimes inner beauty radiates frae within and people can see the goodness o the person raither than their outward appearance.

9

A BAIRNIE IS BORN

The day started aff like ony ither day but there seemed tae be a lot o women folk getting awfie excited and it wis aa because een o the young married dillies wis haeing a bairn, but the lassie hid tae gang tae Torphins hospital cos it wis the nearest maternity. They teen Alana awa on a cairt and she gaed birth tae a wee laddie and there wis a great celebration amongst the Travellers and a few sets o pipes played as pairt o the festivities. The wee laddie wis named Thomas aifter his faither. He weighed sax pounds and he wis born wi a sealie hood.

A sealie hood wis considered very lucky and it wis a membrane that covered the heid o a bairn and fowks wid keep them aa their life especially sea hantel wha believed that if ye were born wi a sealie hood then ye wad niver droon. Lots o trawler lads and drifters sailing oot o Aiberdeen kept their sealie hoods wi them every trip tae sea.

In the evening, whin the Travellers were gathered aroon the reek o the glimmer, the conversation turned tae the event o the birth o Thomas. Auld Marjanet, wha wis a real howdy, started tae tell the great epic tale o . . .

JACK AND THE SEALIE HOOD

Weel ye see, awa back in the days o yore at a time whin wee birdies used tae make nests inside auld woman's bonnets and dwarfs and giants roamed the earth, there lived a peer woman and she wis probably aboot the maist wretched peer cratur in aa the world. She wis geing birth tae her thirteenth child. The faither wis a peer widcutter and they only hid bits o auld trees as their chairs and furniture. Tae mak things worse she wis hardly able tae feed the rest o the siblings cos they were steppies and stairs.

The actual birth teen place exactly at midnight, jist as the Midsummer solstice wis taking place and every star wis outshining each ither and there were great portents in the sky that nicht. There wis a large boorichy o folks gathered outside o their hovel and the auld spey wife wha wis acting as the howdy jist as the wee laddie wis coming intae the world. She held her tilley lamp and she shouted oot o her, 'This wee laddie is born wi a cowl, a sealie hood, and I mak a sure promise and prophecy upon this wee wain and aa the signs are in the heavens that this wee laddie will mairry the princess o the land before his sixteenth birthday and yin day hereafter will become the monarch o this land. And as sure as winter will follow autumn then the prophecy will become a real happening cos he is born wi a sealie hood and aa my blessings will come tae pass and he will aye be protected by the power o his sealie hood.'

The peer mither laughed and jeered at the prophecy, thinking, 'Wi hinnae even got enough habin tae fill the weams o mi ither twelve kenchins so how will mi wee wain meet in wi royalty?'

'I am the real fay and mi prophecies aa come tae pass. So believe me, mi dear, upon mi wordies.'

Word wint abroad like a hiss and a bye word and peer neebours jined together tae bring bits and bobs tae help the peer woman and her family but they didnae hae muckle tae gie except maybe some kale and oats and neeps and maybe an odd rabbit, but the fame o the prophecy grew abroad throughout the land and eventually word reached the king himself and he wis an unca-natured cruel man and he said, 'That prophecy is rubbish and I will pit a stop tae it before it gets a chance tae materialise.'

He cawed upon his wise men and he spoke tae them aboot whit tae dae tae stop the prophecy even starting. His wise men telt him tae dress up as a wealthy merchant and say that he hae come tae pay homage tae this great lad that his been born and gie him gowd and siller and ither expensive presents and tell the fowks that ye hae nae son o yer ain and in order tae fulfil the prophecy that if they gie ye the bairn then ye will bring him up as yer ain boy and tak him tae court tae hobnob with the hoi polloi and maybe the prophecy will come tae pass.

The king disguised himself as a wealthy merchant and he makked his wye tae the village whar the bairn wi the sealie hood was born. He teen aa kinds o expensive gifts tae gie the peer hantel tae barter for the bairnie. But the auld woman widnae gie up her newborn baby and the king telt her that she hid anither twelve bairns tae get on wi and one wee laddie widnae mak a difference tae her surely.

'It disnae matter how peer mi circumstances are, mi heart wid brak tae gie awa mi wee laddie.'

The spey wife piped up in a lood voice, 'Gie that wealthy merchant the bairn and through him all will be accomplished and believe mi I ken whit I am manging aboot.'

The king produced a maist beautiful ornate casket and he said tae the woman, 'Pit the bairnie in here and I will tak it awa and bring him up as mi ain laddie and he will niver want for onything.'

'Weel, mak sure ye pit inside the casket his wee sealie hood tae be a protection tae him aa the dear days o his life.' Then she said, 'I hinnae even give mi wee laddie a name yet!'

'Niver mind, I will gie him a guid name soon.'

The mither gaed her bairnie a fareweel cuddle and a kiss and a mother's benison, 'Fareweel, my wee bairnie, fareweel, my wee lad, tae pit ye away for it maks my heart sad, ye will always be wi mi in my thoughts and mi prayers. Fareweel, my wee laddie, fareweel, mi wee jewel.'

The wee bairn wis pit on the casket and the king smirked as he wint away on his horse and aboot a mile awa the king deeked a fast-flowing river and a large waterfall.

'Weel that is the end o that prophecy. Nae scabby commoner will iver mairry my daughter Cassandra!' He chucked the casket intae the deep fast-flowing river and he watched the boxie gang right ower the dangerous waterfalls and he thought sae weel that it wis an easy task tae dae. 'There, mi throne is safe noo.'

Aifter the king rode awa, the casket rose cos inside the wee laddie hid a sealie hood and ye cannae droon if ye are born wi a sealie hood. The beautiful boxie sailed doon the river until it came tae the miller's dam. The auld miller wis fishing for his supper jist outside o his hoose and his rod caught and snagged untae something heavy. He shouted tae his wife tae come outside and help him pull in the giant salmon he hid on his hook. They baith pulled like the living wind until they landed their catch but tae their great amazement it wis a jewelled casket and whin they opened it up, lo and behold there wis a wee laddie wi a sealie hood inside. They lifted them oot o the waater and they were astonished.

'The guid lord has given us a baby like Moses o old, tae nurture and tend, tae bring up as weer ain lad. He will learn tae be a miller like us fowks.'

So they teen the bairnie intae their hoose and they cawed him Jack cos that wis aye the name given tae a foundling. And for the next fifteen-odd years, Jack grew up as their son and they adored him. He grew up tae be a tall, handsome, blonde-haired, blue-eyed Adonis. Noo, it wis almost his saxteenth birthday and Jack couldnae leevich or screevich and neither could the miller or his wife but Jack could hunt fish and grind meal in the mill.

Een day, the king wis awa on a hunting trip and he hid reason tae be near the miller's hoose and he thocht that he wid caw by the miller tae get some refreshment and some o the peasant wine for his thirst. The miller wis shocked tae see the king at his front jigger and he wis made as welcome as the flooers in May. He wis given every attention that he could be given befitting his status. Then Jack appeared on the scene and the king noticed whit a handsome youth he wis and he said tae the miller and his wife that he didnae ken they his sic a guid-looking son.

'Oh, but he is nae oor natural son though we baith love him dearly. Jack is a foundling we drew oot o the dam an he wis inside a bonnie casket and he hid a sealie hood in his casket.'

The king wis absolutely livid and he felt like squealing oot in anger and he thought how could he have survived.

The first pairt o the prophecy aboot mairrying the king's daughter wis almost imminent.

'Wid ye gang on an errand for the king, Jack, cos I hae a very important message tae gie the queen but I need ye tae deliver yersel personally tae her.'

'For my king, I wid gang through hell and high waater for ye.'

'Weel, I will write oot a letter for ye o great importance and ye must not fail me.'

Then the king wrote oot a letter and sealed it in wax wi his signet ring and the letter read, 'Dear Queen, whin this lad Jack arrives at the palace then hae him immediately executed. The King.'

Unaware that he wis carrying his ain death warrant, Jack made haste tae gang tae the palace, a guid puckly miles awa. He teen some light provisions and being a strapping laddie, ate it aa and was getting tired and hungry wi the journey. He trudged alang the road until he came tae a hovel in the middle o the wids. And he asked if he could get tae rest for a short while cos he wis very tired. An auld woman opened the door and said, 'Oh, laddie, get awa frae this place cos this is a den o iniquity and it's a hideaway for robbers, brigands and cutthroats.'

Jack said, 'I hae a sealie hood tae protect mi so I will be aaricht.'

So the auld woman took him inside and gaed him a fine bitie o habin tae taste his mooth and Jack, being sae tired, fell asleep at the fireside. While he wis slumbering, aa the robbers came in and they notice Jack lying there and they wanted tae slit his throat.

The auld woman intervened, 'Noo, ye canny touch him cos he his a sealie hood in his pooch so we must respect the law o the sealie hood.'

Een o the robbers noticed a scroll in his pooch and said that he wis carrying a king's letter and they opened it up carefully and they said tae each ither that he wis carrying his ain death warrant. Anither counterfeiter said, 'Gie me the letter!' and he cunningly changed the letter tae read, 'Dear Queen, whin this young man arrives at the palace have him immediately married tae our daughter, Cassandra. The King.'

In the morning Jack got tae the palace and he handed the queen the letter which she attended to right awa. Jack wis married to the princess and it wis a love match and they were very happy together. Noo, as a prince, naebody could hairm Jack but the king on his return goes stone horn mad but he couldnae undo the mairriage cos aabody kent Jack by noo.

The king couldnae contain his great anger but Jack wis noo immune tae the king's execution order cos aa the folks in the land liked Jack and Cassandra wis madly in love wi her bonnie husband. The first pairt o the prophecy hid come tae pass.

The king cawed for Jack tae come tae his bidding and he gade Jack a tear o lip nae handy. Jack said he only did whit he wis instructed tae dae.

'Ye are nae worthy o mi daughter Cassandra but I will gie ye a chance tae prove yersel worthy o her. Will ye dae a task for me?'

Jack answered, 'Of course I will!'

'Tae prove yersel worthy, wid ye gang tae the Giant o the North and bring mi back three hairs o his ginger beard?'

Jack agreed tae dae the task. The king kent that it wid be instant death if the giant caught him and he thought that Jack wis a bit o a gomeral and he thought that Jack wid end aff getting the peelicher.

Jack made preparations for his journey awa up north tae the giant's castle and he took his fareweel tae his wife wha wished him God speed and he began his arduous journey. On his first nicht he sojourned in a wee village cawed the Village o the Golden Aipples and there wis a tree richt in the heart o this village that whin it came intae fruition wid bring oot solid gold aipples and they were worth a king's ransom. The village hantel were aa very sad and they asked Jack, 'Why is oor tree nae geing ony fruit this year?'

Jack telt them he couldnae tell them jist noo but he wid tell them on the wye back.

The next nicht Jack sojourned at a village cawed the Village o Guid Wines and in the middle o the village wis a fountain and at a certain time o the year, the water used tae change intae the finest wines and they were worth a fortune tae the economy o the village. The folks there were also very sad and downcast and they asked Jack, 'Why is oor fountain nae flowing the wine this year?'

Jack telt them he couldnae tell them jist noo but he wid tell them on his wye back.

On the third nicht he wis at the bog loch whar the giant's castle stood and there wis a ferry boat and Jack threw in his coin for tae pay the ferryman for rowing him ower the loch. The boat wis laden wi gowd and siller and many coins.

The ferryman asked Jack, 'Can ye tell me why I hae tae row back and forrit an hullin latha and fachin latha?'

'I cannae tell ye jist noo but I will tell ye on mi wye back.'

Jack made his wye up to the castle where the giant bade. Jack wint to knock at the big jigger at the castle and oot came the giantess and she said, 'Oh, laddie, laddie, you better get awa frae here cos if the giant catches ye he will eat ye aa bit the boots!'

Jack put his hand intae his pooch and pulled oot his sealie hood and he said, 'I have a sealie hood and I am protected.'

The giantess said, 'Well, laddie, if ye hae a sealie hood I am bound by my laws of magic tae protect ye. What is it ye need from the giant?'

'Tae appease the king I need to get three hairs of his reid beard and I wint the answers to three questions.'

She said, 'I hae the highest power of shape-changing and I will change ye to a bluebottle and ye can hide up my skirt and I will get the answers to ye.'

Later that night the giant came hame and he wis in a bad mood and he roared, 'Fe, fi, fo, fum, I smell the blood of a young man and I will hae him for my supper!'

Then the giantess said, 'He is only a kid I have cooked for yer supper.'

So she fed her husband and he started falling asleep in front of the fire and she sang him a lullaby and he fell soundly asleep. She then pulled out a hair from his beard and put it in her pocket. The giant woke up and he wis very annoyed and he said, 'Woman, whit are ye daeing tae mi beard?'

'Weel, there wis a bluebottle flying roon yer reid beard so I jist flicked it awa.'

'It wis awfie sair, onywye.'

'Husband, since ye are awake, will ye tell me why the Village o the Golden Aipples are nae growing aipples this season?'

'Dae ye nae ken, wife, that there is a big earthswine dug a nest underneath the tree and it his gnawed at the roots so it cannae produce the solid gold aipples, but if the folks dig it up and chase the earthswine and fill it o waater then it will come intae immediate fruit!'

So the giant fell intae a sound slum and she kept singing the lullaby, then she pulled oot a second hair o his beard and he woke up in an irate mood. 'Whit are ye daeing tae mi beard, woman?'

'It's the bluebottle back again.'

'Weel, let it be.'

'Husband, since ye are awake, will ye tell me why the Village o the Guid Wines is nae producing ony wine?'

'Weel, ye see a giant puddock has nested under their fountain and it his stopped the flow, but if the folks will dig it oot and trench roon it, the waater will flow and the wine will come intae season!'

Then the giant wint back tae sleep and she pulled oot a third hair o the beard, and it wis awfy sair. He guldered oot o him and said, 'Leave me beard alane!'

'Husband, dear, can ye tell me an answer tae a question. Why does the ferryman hae tae row o'er back and forrit aa the time?'

'Did ye nae ken he wis the greediest man on the face o the earth and he mair or less selt his soul for money? As a punishment he has ended up the ferryman and he his aa the money in the world upon his ferry boat.'

'Can he be redeemed?' asked the giantess.

'Weel, if he offers his gold and money tae anither greedy bachel and asks him tae tak his oars for a while, he can unload the money and then fake avree. The unfortunate greedy bachel will then become the ferryman.'

She wint outside o the castle and she shape-changed Jack tae his proper shape and she gaed him the three reid hairs o his beard and the answers tae the questions. Jack made his wye hame tae the palace.

Whin the ferryman asked Jack the question, Jack telt him tae offer the gold and money tae anither greedy man and tae tell him if he took his oars then he would load up the money and gold for him and then run awa. The ferryman telt Jack tae tak as much o the gold and siller as he desired. Jack said, 'I will tak some of it but I will leave ye plenty tae tempt anither.'

Jack gets a pownie and float and he took aff some of the

lowdy and loaded it on tae the cairt and he made his wye hame. At the Village o the Guid Wines, the folks met him and he telt them aboot chasing awa the giant puddock and the wines wid flow again frae the fountain. The folks wer very happy and offered Jack as many bottles o wine as he wanted tae tak. Noo Jack hid gold, silver, lowdy and priceless wines and he continued hame again.

At the Village o the Golden Aipples, he telt the folks there aboot the earthswine and the folks chased it awa and the tree came intae fruit and the folks offered him as much o the gold aipples as he could cairry. Noo his cairt wis heavy laden wi gold, siller, lowdy, gold aipples and guid wines. He returned tae the palace wi a king's ransom, even mair richer than the king himself. The king wis amazed wi aa the wealth Jack hid got and he speared tae Jack whar he got it aa.

'Weel, ye see,' said Jack, 'there's a ferryman up north wha wants his boat made lighter tae row so he will gie ye it aa jist for the asking.'

Everybody wis very happy that Jack wis back and Cassandra wis delighted and Jack wis very popular amongst the subjects o the land. The king telt the queen that he wis gang awa on a hunting expedition and that he wid be awa for a while and he made his wye up tae the ferryman whas boat wis fair heavy laden wi wealth.

'Oh!' said the king. 'Ye hae an awfie amount o riches on yer boat!'

'It means naething tae me cos it only maks mi boat a the mair heavier tae row and ye can hae it, if ye desire it, so gang and get a horse and cairt and I will load it up for ye, but ye will hae ta tak mi oars till I load it up.'

The king got a horse and cairt and the ferryman gaed the

king his oars and he loaded up aa the wealth on the cairt and then he bung avree laughing, leaving the greedy king as the eternal ferryman.

Noo, a lang time passed and there wis nae hide nor hair o the king tae be seen so the folks asked Jack tae be the new king and he accepted the post. Aa the prophecy had come tae pass as predicted by the auld spey wife at his birth.

Eence Jack became king he sent for the auld miller and his wife and rewarded them handsomely. His ain nesmore wint tae see him wi his faither and siblings whom he wis very guid tae and he loved them aa dearly and everybody in the land wis as happy as can be. Jack and Cassandra hid a garroosk o kenchins and they lived happily ever aifter. ∽

And Auld Marjanet said at the end, 'Jist cos ye are peer wee Traiveller bairns, disnae mean that guid fortune winnae smile on ye and ye may end up like Jack and the Sealie Hood.'

10

THE STORYTELLERS' COMPETITION

Een nicht on the auld road to Lumphanan, there wis gan tae be a competition amongst three o the big storytellers. There wis aye a jealousy among them wha wis the best storyteller and the competition wis between Diddling Di, Suitar's Wullicky and Muscle Moo Muggie.

Diddling Di wis a hockey teller and he didnae get his reputation cos he aye diddled pipe tunes, but mair for diddling and conning fowks oot o onything he could acquire. Suitar's Wullicky was an awfie lad for the peeving but whin he wis sober he could tell ye a guid tale. Muscle Moo Muggie wis a roch-faced auld manashee wha could gulder and ye wid hear her ten mile awa, but she could hud her ain wi ony o the tellers o tales.

The nicht started wi aa the fowks sitting getting coochted roon a comfortable spot roon the glimmer and it aa depended on whit wye the wind wis blawing cos sometimes ye caught aa the reek frae aff the fire and it wid nip yer yaks, but if ye got a guid position tae sit then ye got the heat aff the glimmer and it wis an enjoyable experience. Bairns hid tae always gie up their place if an aulder person came in aboot the glimmer tae listen. There wis a feeling o excitement in the air and the slab wis served tae everybody aff o a communal pot o tea and usually a jotter o dech and eem alang wi the slab. Yerim and sweetney wis aye pit intae the kettle so aabody hid exactly the same as his neebour. Everybody settled doon tae listen tae the storyteller's competition.

First tae tell his tale wis Diddling Di and he started wi the words, 'Below's mi grannie wha lies in Huntly Cemetery, that this story is the honest truth!'

Ye kent richt awa it wis a big prechum.

AN ADULT TALE

Many, many moons ago, there lived an auld culloch and she hid three sons: John, James and wee Jack. John wis a big strapping lad and so wis James, but Jack wis a wee skinny runt o a loonie and they aa bade intae their mother's cane. It sae happened that the mither wis very hard up and she could hardly mak ends meet and there wis nae muckle meal in the barrel tae fill the hungry weams o her lads. She cawed her auldest son, John, tae the hoose and telt him o her predicament and said, 'Ye are a handsome man. Can ye gang and spooch for yer fortune and maybe mairry a rich lassie so ye can look aifter me and the family in my dotage.'

He said tae her, 'Bake me a bannock and fry me a collop and I will gang and seek mi fortune!'

'There's nae muckle meal in the barrel so get some monteclara tae mak the bannock. Dae ye want a big bannock wi a curse or a wee bannock wi mi blessing?'

'Weel ye see, I am a big lad so I will need tae get a big bannock

90

without a blessing.' So he wint tae the stream tae get the waater tae mix the meal for tae mak the big bannock.

John prepared tae gang awa and seek his fortune and he travelled the high roads and low roads and through bramble bushes until he came tae an auld skrink o a mort and she asked him for a bitie o his bannock. He telt her that he widnae gie her the crumbs that fell frae his mooth. She wis an auld witch and she said tae him, 'Hell roast ye, ye greedy guffie and may everything gang wrang for ye!'

John made his wye tae the castle and he spotted a notice outside o the castle on the public board and it read, 'Ony man that can satisfy the princess will receive a king's ransom.'

So John wint and applied for the job. He is telt that if the princess wis nae happy wi him then he would get his napper sneaked aff. John thought tae himself that he hid niver met a manashee that he couldnae please and he wis ushered intae a large, spacious, luxurious room wi a lovely silken bed wi a princess upon it and she wis fair steaming for a gadgie tae please her.

Weel they kiss and cuddle but tae nae avail, cos she widnae even smile nae matter whit acts o pleasure John tried on her and she cawed the guards tae tak him and pit him in prison.

A lang time passed and there wis nae hide nor hair o John so his mither wint tae her second laddie, James, for tae gang and seek his fortune and she asked him if he wanted a big bannock wi a curse or a wee bannock wi her blessing, cos there wis very little meal left in the barrel. James telt his mither that he needed a big bannock and a fine collop tae sustain him on his lang, arduous journey. He wint and got waater tae mix the meal and the ingredients for the bannock, but his mither couldnae gie him her beneson, so James travelled the same roads as John teen afore. On the road he took oot his bannock and the auld witch asked him for a wee bitie o his bannock. He said, 'Fake avree frae me ye auld cravat, cos I widnae gie ye as much as a lick o mi beard.'

The auld woman cursed him and said, 'Hell roast ye. May ye receive naething but grief!'

James wint tae the castle and saw the notice so he wint tae apply for the job and he wis admitted intae the bedrom o the steaming princess. 'Weel, I hope ye are better than yer brither, cos he wis a useless puddock in bed!'

James wint ontae the bed fair thinking he wis the stud o the north, but aifter twa minutes wi him she got the guards tae pit him in prison wi his brither.

Again a while passed and the auld mother's predicament wis getting desperate and she called upon wee, slim, delicate Jack tae gan and spooch for his fortune. 'Dae ye want a big bannock wi a curse or a wee bannock wi mi blessin?'

'I wad rither hae yer blessing, so a wee bannock will dae mi fine and a little collop as weel.'

So Jack gaed oot the door tae get the waater tae mak the bannock and he picked a pail wi holes in it so he only hid a handfae o waater so the bannock wis very sma. Jack wis sae clattie that whin he gaed himsel a shak, the dirt and stoor frae aff him messed up everybody's washing for miles aroon.

Jack gaed ontae his adventure tae seek his fortune and travelled the same road as his brithers, until he met the auld witch wha asked for a wee bitie o his bannock tae which Jack replies, 'Ye ken hae aa the wee bannock, for tae tell ye the truth, I am nae awfy fond o bannocks.'

So he gaed his bannock tae the auld witch tae haa and she thanked him very much and she telt him she would help him at a time whin his life depended on it. She telt Jack that if he met the princess, then jist tae say the magic words, 'Grow, grow!' and things would gang weel for him.

Jack wint tae the castle and saw the notice, but didnae really ken whit the job entailed. The king and the guards laughed at him, but he got admitted intae the princess's bedroom and she laughed and said tae him, 'It's a man I need tae entertain me and mak mi happy, nae the button aff his sark.'

Jack said, 'I can dae funny tricks and I will mak ye laugh! Ye see, I can mak a teapot,' and he shapes himsel intae a teapot shape.

'No, laddie, it's nae that kind o thing I like. Can ye mak mi happy in bed?'

'I dinnae ken naething aboot that kind o thing, but I am a guid learner.' So Jack wis invited up tae the bed. And they cuddled and kissed and cairry on a bit and Jack smiled and said, 'Grow, grow!' and immediately the princess hid a huge grin on her face.

She said, 'Jack, I ken ye are tuppence o the shilling but there's something awfie taaking aboot ye!'

'Grow, grow!' And the princess wis ecstatic and ower the moon and he kept repeating the magic words and there wis great guls o delight heard outside o the room. Aifter a couple o hoors the king wis getting fair worried aboot his dochter and her jigger wis locked and he telt the guards tae brak doon the door cos his dochter may be mooligrabbed by the silly loon.

The door wis broken doon and they saa the princess pinned richt against the roof o the large palace room and between Jack and the princess is a gigantic totem pole. The king shouted tae the guards tae cut the giant phallic doon and the princess shouted, 'No, Faither, cut a hole in the roof and gie the laddie half a chance!'

The issue resulted in Jack winning the king's ransom and his brithers were set free frae the prison and they aa gaed hame tae the mother's cane. They were happy ever aifter but Jack wis aye a welcome guest tae the palace. ~

Aifter that, fowks were gan intae kinks o laughter, but one woman telt Diddling Di that wis an awfie clattie story tae tell in front o young eens. But he didnae tak heed o her. 'Weel, they will hae tae find oot aboot the birds and the bees sometime and I jist hae telt them the adult Jack tale or the alternative Jack and the beanstalk!'

Aifter a rapturous applause, Diddling Di sat doon at the edge o the glimmer. Suitor's Wullicky teen his place as the next storyteller.

BLACK MARY AND WHITE MARY

Awa beyond the days o recall, there lived a pure moocht o a manashee wha hid a big, fat, lazy midden o a dochter, wha did naething but sit coochted on a chair and didnae dae a hand's turn roon the hoose. She hid dark hair and aabody cawed her Black Mary. The woman hid anither dochter wha wisnae her ain and she wis hated and kept scantily claid and fed. Noo, this lassie hid blonde hair and pale-blue een and the folks cawed her White Mary. White Mary wis a skivvie tae her sister and coorse auld mither. Between the twa they made the lassie's life a complete misery.

Een nicht the lassies hid a bit o a barnie and the mither telt White Mary tae get oot o the hoose and it wis at the end o the November term and a richt bitterly cauld nicht. White Mary wis chucked oot o the cane intae the bitter cauld nicht wi nae clothing, provisions nor sheen on her feet. The peer lassie wint intae the wids for shelter until she came tae an auld dilapidated hovel o a hoose wi a rocking chair jist ootside the jigger and there were blue sparks and fiery ends fizzing aff o it.

Tae Mary's surprise the rocking chair says tae her. 'Aye, aye, Mary, fu are ye daeing?'

Mary replied, quite astounded, 'I didnae ken that rocking chairs could mang?'

'I am nae ony rocking chair! Ye see, I am Peerie's chair and I am the lowest seat in Hell. Ye see, every time auld Cloven Hoddie comes tae the earth he taks me wi him frae Hell and this hovel is his palace and if ye dae me a favour then I will help ye in yer time o distress.'

'Whit can I dae for ye, chair?'

'Ye see, lassie, Hell is sae hot that I am covered wi blue sparks and fiery ends but tak that pail and gang tae the burn and fill it wi the clean, cauld monteclara and throw it ower me cos it is like getting a cauld refreshing bath!'

Mary walked wi the pail bare-fitted intae the burn and she filled the pail three times and she chucked it ower the rocking chair and she cooled and refreshed the chair.

'Noo, Mary, tak the pail and gang inside the hovel and it will be a beautiful palace and Cloven Hoddie will ask ye tae dance wi him and say aye, ye will dance wi him, but stall him aff as lang as ye can and keep asking for things ye want and he will gie ye everything ye ask for but dinnae dance wi him. Keep stalling him aff until the cock craws and ye will hae everything yer heart desires. Firstly, ask him tae fill yer pail o gold and silver then aifter that keep him working for ye until the cock craws.'

Mary gaed intae the hovel wi her pail and she wis met by Cloven Hoddie and he asked her if she wid dance wi him.

'Firstly, I want ye tae fill my pail wi gold and silver.' He did that and White Mary put her pail beside the ootside door. The palace wis absolutely beautiful and there were crystal chandeliers hinging frae the roof. There wis an orchestra wi every instrument under the sun inside.

The Devil asked, 'Are ye ready tae dance, Mary?'

'Fu can I dance wi you, sir, cos I dinnae hae ony bachles on mi tramplers and ye cannae dance withoot sheen on yer feet.'

So he cawed the cobblers o Hell tae measure her feet and they made her the bonniest silver-buckled dance sheen that ye ever hae clasped yer yaks ontae and they were a perfect fit for her.

'Are ye ready tae dance noo, Mary?' the Devil asked.

'But mi sheen are new and ye cannae dance wi new sheen withoot real silk stockings.'

Cloven Hoddie caws for the hosiers o hell and they took oot their gossamer threads and measured her legs for the silk stockings.

'Are ye ready tae dance noo, Mary?'

'How can I dance wi sic an important man like ye withoot a proper ballgown? I need tae be correctly attired for the occasion.'

So he called upon the dressmakers o hell and they come with their measuring tapes and needles and threads and they make the most stunning ballgown that wis ever seen on the face of the earth. But all this takes time to make and the nicht wis wearing on.

'Are ye ready tae dance noo, Mary?'

'I cannae be dressed withoot white gloves tae dance wi.'

The glove makkers o Hell came and measured her hands and fingers and they made her a pair o the finest gloves that ye hae ever seen.

'Are ye ready tae dance noo, Mary?'

'I am almost ready. But deek at mi hair – it looks like cats' spewings and ye widnae want tae be seen dancing wi a sight like Teenie Ticht!'

Noo, the nicht wis wearing on and Mary wis still nae quite ready. The hairdressers frae Hell coloured and curled her hair intae golden ringlets and they put make-up on her moy and she wis an absolute vision o beauty.

'Ye must be ready tae dance noo, White Mary,' he cawed tae her.

'Only I hinnae got een piece o jewellery on mi person tae highlight mi appearance.'

So the jewellers o Hell made her earrings, bracelets, baubles and necklaces o every kind o precious gems in the world, like diamonds, pearls and emeralds, and tae finish it aff, they made her a tiara worth a fortune.

Noo, White Mary wis ready tae dance and the orchestra tuned up and ready tae go and whin Cloven Hoddie took her in his airms the cock crawed and wi the clarion crawing the palace disappeared back tae Hell.

White Mary wis in aa her beautiful claes and she picked up her pail o gold and silver and she made her wye hame tae the toon tae bide intae a posh hotel. On her journey hame tae the toon, she wint intae her false nesmore's cane and she fecked her a gold piece and said tae her, 'That's ye repaid in full for keeping me as a slave for saxteen years!'

Her mither asked her whar she got aa her wealth and tuggery frae and White Mary telt her the story o Peerie's chair.

The mither telt her ain dochter tae dae the same thing as White Mary hid deen. Black Mary wis a lazy midden o a dilly and she wint oot fully dressed in furs and a bag o habin that wid feed a regiment and she traivelled the same roads until she came tae the hovel wi Peerie's chair.

'Fu are ye daeing, Black Mary?' it said tae her.

'I would like tae get the same things as my sister got.'

Weel, if ye dae me a favour I will help ye as weel. Will ye gang tae the burn and get a pail o cauld monteclara and throw it ower mi?'

Black Mary grudgingly gaed tae the side o the burn and caught aa the goor and keich and chucked it at the chair and Peerie's chair wis highly offended. He telt her tae gang in and ask Cloven Hoddie for a bucket o gold and tae ask for whatever she wanted.

So Mary gaed inside the place and the Devil asked her tae dance.

'But I want a pail o gold and everything that mi sister got!'

She asked for everything that White Mary asked for an she got everything richt awa. She asked for a ballgown, so the Devil opened up a press and said, 'Here's one I made earlier!'

She didnae ken nae tae dance wi the Devil nor tae stall him aff till the cock crawed. Ye cannae fool the Devil twice so Mary wis aa ready tae dance and the orchestra played and the Devil birled her and birled her till she turned hot and sweating and then she turned red hot and then white hot and she fell intae a pile o white ashes. The hoose turned back tae a hovel and aa that wis left o Black Mary wis a pile o ashes on the grun and her bucket o gold wis only a pail o autumn leaves. ∽

The moral o the story is if ye dance wi the Devil then ye must pay the piper and the price.

Suitor's Wullicky got a wonderful applause for his great tale.

Noo it wis the shottie o Muscle Moo Muggie tae tak her place on the performing storyteller's rostrum. She hid a roch voice and a gruff mainner tae her wyes but she hid a tender heairt at times whin the freak wid tak her. Traivellers hid hundreds o wyes o starting a tale and Muscle Moo Muggie started aff wi the wordies, 'In days of old, whin knights were bold, before paper wis invented, they scraped their jeer alang the grun and walked awa contented! I wid like tae tell ye the big tale o . . .'

THE BLACK BULL O NORRAWAA

Last nicht, I couldnae get kipping for that big bull Cannie, guldering and bellowing, and it made me think upon the Black Bull o Norrawaa and noo for the tale.

Awa hinnie back, before the days o plum foddel, there lived three bean rannie sisters and they were very pretty hizzies. The auldest sister wis Janet and the second wis Chrissie and the younger yin wis cawed Maria. The auldest lassie, Janet, said, 'I am gan tae see the spey wife for tae get mi fortune read,' and aff she gaed tae see the spey wife and she asked her tae tell her her fortune.

'Lassie, yer face is yer fortune but believe me that by the time the twelve o'clock bells ring, a golden coach wi four white stallions and a handsome gadgie will call for ye, Janet, and ye will gang wi him and aathing will be great wi ye!'

Janet gaed hame and sure as guns are pistols, everything happened as foretold and Janet wis gone.

Chrissie wint tae dae the same and she gaed tae see the spey wife and asked for her fortune and she wis telt as weel, 'Yer face is yer fortune but believe me that afore the midnight bells ring, a silver coach will come for ye wi sax dapple greys and a handsome lad will call upon ye, so ye gang wi yer destiny. And as sure as death it will happen as telt tae ye!'

That nicht, the coach came for her and then Chrissie wis awa.

Noo it wis the turn o Maria tae gang tae get her fortune read and the spey wife telt her, 'Yer moy is yer fortune, but believe me that tonight at midnight the big Black Bull o Norrawa will come for ye, but dinnae be feart, cos it will lead ye tae happiness eventually.'

As sure as dandelions are pee the beds, the Black Bull o Norrawaa came for Maria. She heard this loud bellowing and guldering and a voice like thunder shoots, 'Oh, come doon, Maria!' and she came doon, very trashed at the big Black Bull and there wis a saddle upon it and it instructed Maria tae sit upon its back and tae hud on like grim death cos there wis a lang journey ahead o them and he must reach the first castle by dawn.

Alang the journey he stopped and telt her that if she wis hungry tae deek intae his right lug and there were nice bits tae eat and in the left lug there wis a flagon o wine and he wid rest tae she refreshed hersel. Maria hawed her fill and sluched the vino and they were aff again on their travels and jist before the day brak they landed at the big jigger o the first castle.

'Noo, jist gang in and mi brither and his wife will mak ye welcome,' said the Bull. 'I hae tae go an tether masel intae the field for the nicht.'

Maria wis met at the door and ushered intae a big scullery and given nice food tae eat and in came a handsome, fair, tousle-haired laddie, wha jist said good evening and gaed awa tae his bed.

'That's oor brither, Jack,' said the prince, 'but he disnae say muckle.'

The princess gaed Maria a wee gift and it wis a walnut and

inside it wis a wee wifie singing and carding wool. 'Noo this is a gift for ye, Maria, but if it will save yer life, please dinnae hesitate tae gie it awa.'

Maria wis delighted wi the gift.

The next day, Maria noticed Jack, but he didnae gie her much conversation. Jist before midnight the big Black Bull o Norrawaa came rip snorting tae the castle door and shouted, 'Come doon, Maria!'

Maria gaed back upon the saddle o the black bull. As it continued on the journey again, it stopped tae gie her refreshment frae its lugs and then he informed her she hid tae get tae the next castle before dawn and he instructed her tae gang inside the castle and his ither brither wid mak her welcome, cos he wid hae tae tether himsel intae the fields tae rest. So Maria gaed tae the big jigger o the castle an wis welcomed in by the young prince and princess and wis led intae a large scullery and wis given nice habin. Then Jack came in by and jist wint tae his bed.

The next day, Jack didnae say onything tae her and at nicht she wis given anither present o a walnut wi a wee wifie inside singing and spinning, wi a caution that if her life depended upon it then she could gie it awa. Then at night the Black Bull came for Maria and again they were aff on the third pairt o their journey. Again, they reached the third castle and again the same thing wis repeated and the bull gaed tae the fields tae pasture and Maria wis welcomed in again and fed and wis given anither walnut and this time there wis a wee wifie weaving and singing and again she wis given a caution if her life depended on it then she could gie it awa. Jack gaed her a few words that day and at nicht the Black Bull returned for Maria.

Maria took her three walnuts and gaed ontae the saddle o

the Black Bull and they took aff like the living wind until he came tae a great plain and he telt her that he must go and fight wi the Devil tae be released frae the curse. So the big Black Bull telt her tae sit on a high stane and nae tae come aff o it until Jack returned for her.

She sat on the high stane, and the Black Bull said tae her, 'Ye will hear great noises o the fighting aa roon the plain and if the air turns red then I will be killed and ye can jist gang hame, but if the air turns blue then I will come back for ye tae be mi chosen bride and dinnae dare come aff the stane until I come for ye.'

The great battle commenced and there wis blue murderous screams awye on the plains and eventually the air turned blue, so Maria kent that the Black Bull hid won the battle. She spied him coming back for her, in his true form of Prince Jack, and he hid seven bloody wounds upon his Holland sark and in her excitement she slipped aff the stane. Jack came ower tae her and he took aff the bloody sark and he looked very confused. He hid lost a recollection of Maria and the Black Bull. He gaed awa in the opposite direction and she wis left on her toad. Maria didnae ken whit tae dae cos as she hid slipped aff the stane before Jack hid returned, she wis noo trapped in between worlds. She picked up the bloody sark, wi the seven wounds upon it, then she walked alang the road until it came tae a steep mountain and on her side it resembled a zigarak or steppie pyramid and she climbed up the high steps until she reached the summit.

Noo the ither step side doon wis like icy glass, so she slid doon on her airse and she landed at the bottom intae a loch whar there wis a cobbler's shoppie and Maria gaed intae it and the auld cobbler asked her whit she wis daeing there. He then explained tae her that she wis trapped in between twa worlds and she couldnae dae naething for seven years, but she could be his hoosekeeper and help him in the shop for her keep and, being the only position available tae her, she accepted the job.

The years passed and every day she washed the bloody sark, but tae nae avail, the blood wouldnae wash oot. Nevertheless, she kept washing it for nearly seven years but she aye lived in hope o getting hame tae her ain time and world. The auld cobbler telt her that her time o accomplishment is at hand and that if she used the big white stanes on the edge o the loch as dashing stanes tae wash the sark, then the bloody marks would come oot. Maria did jist that and the stains disappeared. She ironed the sark and she mended the holes until the sark wis fit for a king. On her last day the auld cobbler gaed her a pair o special techies so she could climb up the glassy side o the hill. Then Maria bade the place fareweel and she climbed up the steep, glassy side o the mountain and she descended doon the steps side easily.

She wis back in her ain world, time and dimension and she made her wye hame tae her ain fowks tae be greeted wi the news that prince Jack wis getting hitched in three days' time. She wis awfie disappointed cos she loved Jack wha hid lost aa knowledge aboot her, so Maria took her princely sark and she gaed tae the prince's castle and asked if they want a pastry cook or a biscuit makker for tae add the food for the nuptial feast. So she wis employed tae work as a cook.

That nicht she lied under the room whar prince Jack and his betrothed were biding and she started tae sing, 'Seven lang years I worked for ye, a bloody shirt I washed for ye and a glassy hill I climbed for ye, cos I am yer chosen bride!'

Jack called tae her and enquired aboot her singing and she

said tae the bride tae be, 'If ye will postpone yer wadding by een day then I can gae ye a maist wonderful present.'

She pulled oot the first walnut wi the wee wifie carding and singing and the lady desired it, so she said that she would postpone her wadding by a day.

The next nicht she sang the sang again under Jack's windae and he cawed her up again tae ask aboot her strange sang. But she offered the bride the second gift o the wee wifie spinning and singing if she would postpone her wadding by anither day and she agreed.

The third nicht aa Jack's brithers were assembled intae the castle and Maria sang her sang eence mair and she wis cawed up tae the room again and she offered the bride tae be the third walnut wi the wee wifie weaving and singing and she agreed tae postpone her wadding by anither day.

Noo, een o Jack's brithers wis in the room and he immediately recognised Maria and Maria spoke tae him. Jack asked Maria how she kent his brither and she produced the bonnie Holland sark and she telt him tae pit it on for his wadding day and Jack tried it on and it wis a perfect fit and then his memory came back tae him and he realised that Maria wis the promised bride. So Jack cawed the ither lassie and offered her as much gowd and siller jist nae tae mairry him, cos he hid bin under an evil spell and that she wisnae the bride for him. She made a financial agreement and the wadding for her wis cancelled oot, but the next day he married Maria and they were a very loving couple and aifter a while they hid a garroosk o kenchins o their ain and forever aifter they lived intae sheer bliss. ∼

Noo that concluded the big story for the competition, so then the judging started and a bucket wis pit doon in front o the candidates and whit everybody did wis tae pit a fir cone intae the bucket wha they thocht wis the best storyteller. Mi faither wis the counter o the cones and the winner ended aff being Suitar's Wullicky for his rendition o Black Mary and White Mary and there ended a really braw storyteller's evening and competition.

11

GETTING EDUCATED

Traiveller kenchins were treated as imbeciles at school in the mid forties so wi never got taught onything by the teachers cos they were aa too biased against us bairnies. Prejudice is an evil thing and nae wee children should be subjected tae sic humiliation as I got masel frae baith the teachers and ither scaldie bairns. I only got een wee book frae school that I memorised and I used tae come hame and read the classics. The auld Travellers, although maist o them were illiterate, were wonderful teachers o philosophy, music, singing, history and geography without the use o academia, but the kenchins learned weel and oor school wis Nesmore Nature.

Een day on the auld road o Lumphanan, I wis trodgin doon it tae the village wi an auld woman who could neither screevich nor leevich and we came upon the skull o a deid animal like a sheep or a goat. And the auld woman asked mi whit it wis and tae her I replied, 'It is the skull o a deid animal like a sheep or a goat.'

'Describe it tae me, bairn.'

'Weel, it has big empty yak sockets, and teeth, and it his horns upon it, and it is covered wi little green, orange and amber lichens, and it is sinking intae the sphagnum moss and being reclaimed by Nesmore Nature.'

'Weel, that wis an awfie guid description, bairn. Noo, gang inside the richt ee socket and tell me whit ye feel.'

I immediately wint inside the yak o the deid animal and I came tae a place whar there were canyons, caverns, waterfalls, mountains and animals o aa kinds and colours, smells and the rick mi tick o the inside unfolded tae me and awa in the distance I heard the auld woman caw me tae come back tae her again.

'Whit is that lying on the side o the road, bairn?' she asked me.

And I described tae her aa the things I experienced wi vivid colours and every sense inside honed up.

'Weel, today I hae taught ye a valuable lesson and that is ye will find oot and discover mair frae gan inside tae the rubric o the thing and ye will learn mair that wye than ye will by looking at a front dimension.

'Noo, how lang were ye inside the ee o the skull?'

And I said, 'Aboot ten minutes.'

She telt mi, 'Ye wis awa for ten seconds and ye will learn mair in ten seconds inside a thing than ye wid looking and observing frae the outside. Today, wee laddie, I hae learned ye a wye o learning things properly and the lesson o kenning that there are two times on this earth. Een is the natural time o day and the tither is story and dream time. Noo, bairn, I ken ye will hae the gift o the storyteller, cos I hiv jist showed ye how tae read frae inside an object and een day ye will work at a college and be classed as a smairt gadgie and ye will win the respect fae aa that professors and tutors at universities worldwide and ye will become a world-famous storyteller cos I hae the gift o the fay and believe mi, laddie, it will come tae pass.'

Weel, years passed at school and I wis classed as a balmstick and couldnae get a decent job, so I hid tae work for fifty years in the fish trade and it wis a thankless, scunnering job, but as true as the auld woman's prophecy, in mi late twenties as I brought up a big family o bairns, I became noted as a ballad singer and piper. I got invited tae mang at universities aa ower America; at thirty-five I got the name for being a storyteller and got invitations tae aa the major story festivals in Britain and Ireland, Canada, France, Holland and again aa ower America; and at the age o fifty-two I wrote mi first book and then I started tae win prizes for mi writing in mi ain strange tongue and mi books deen weel.

One time I wis teaching a teacher-training class at Aberdeen University and a lady said that she remembered me as a child and that I wis the silliest boy in the class and I replied, 'But noo ye come tae learn frae the silliest laddie in school who now is een o the highest-regarded teacher trainers here.'

Ye see, folks, ye can hae as muckle brains that ye are blinkered whin it comes tae real life experiences, but there are also a lot o educated guffies gang abroad in the world and naebody can pit ye in a category o being dumpish cos there is a higher power that looks at the things ye are daeing and it's better tae be a decent person wi integrity and moral ethics and live by a set o sensible, governed rules than be educated wi nae gumption o application or savvie o ony kind. The auld Travellers used tae say that intelligence is nae eese tae naebody unless ye convert it tae wisdom in its application tae life.

I aye wid describe the auld Travellers as illiterate literates; an oxymoron, but it maks sense.

These auld folks taught us practical skills like making pegs and flowers as weel as teaching us psychic skills like fortune-telling and character reading. The use o a pack o playing cards could tell ye so muckle stuff that eence ye kent whit the cards meant it wis jist like reading a book and ye could bamboozle the country hantel.

Each card meant something different and I will explain their meanings and how I wis shown how tae dae it.

There are four suits and spades is the trouble line, hearts are the love line, diamonds are the financial line and clubs are the domestic line.

The ace of spades means a death or a birth but nae necessarily the death or birth of a person as it can be the start or end of a new venture. The ace of hearts is called 'The Maggie' or the marriage card, usually referring to a union or marriage in the future. The ace of clubs is an important official letter. The ace of diamonds is the engagement card but it can be something of a celebration with your family. The twos, or deuces, as they are called, are the wish cards and all other members of the pack have their own roles to play depending on their position in the hands you are dealt.

Now I will explain how you read a hand. Firstly, you ask the person for whom you are reading the cards to pick seventeen cards going in one direction and then you read what the cards say and you continue in descending odd numbers until you come down to five cards. You always do twice five cards. Then they pick three cards and wish for something and if they pick a two or a deuce then they get their wish but if they do not pick up a deuce they are allowed three picks to find one.

The reader shuffles the cards and chooses a card for the picker. This is his 'little something', a wee surprise promised to him. It is the only card that I hate, especially if it is the nine of spades. That is the unluckiest card in the pack. It symbolises death. Altogether it takes about an hour or more to do a whole reading.

This was a skill that many Travellers became famous for and money could be made in a big way. Therefore we were taught ancient skills to help us to earn a living when we became adults.

The Travelling people taught me so many things and shared with me their wisdom.

12

MADAME GABANYA

Weel, she wis a Traiveller lassie but she hid lang dark hair and she wid hae passed for a Gypsy, but she wis a Traiveller through and through and true blue and wi aa kent her family history gan back tae Faither Adam. She reminded me on the actress Tallulah Bankhead. Ye couldnae fault her appearance cos her dark hair in the sun used tae catch auburn highlights and it resembled an exotic tortured midnight and her eyes were dark, deep pools of passion that a man could swim intae. Her lips were likened unto deep red, unspeckled cherries, ripe and succulent for kissing and she was tall and slim and even more theatrical than an actress. She adorned herself with bangles, baubles and beads with large earrings and fancy jewelled rings. Residing in a large, fancy, horse-drawn wagon, she told everybody that she took it back from her native land of Transylvania, but I kent she bought it frae mi brither Joe, cos he bade intae that vardo in the Haudigans and he selt it tae Elsie and her man.

Noo, fortune-telling wis her thing and she boasted that she wis the clairvoyant tae the crowned heads o Europe, but aifter the war there were very few o the crowned heads left. There wis nae Romanovs left or Totalholizarians. There wis the Grand

Duchess o Luxembourg and the King of Norway and Sweden and auld Wilhelmina o Holland, the King o Belgium and the Windsors, but the nearest Madame Gabanya got tae oor royal family wis whin she pit her vardo at the King's Cup and Saucer, near Balmoral.

She spoke wi the crappiest foreign accent that she said wis Romany, but mi grandfaither wis a real Romany Gypsy cawed Brookes and he spoke only Romany and he said he didnae ken a word that she paroled. Whin we wid gaither outside her vardo she made slab for everybody and she hid lovely china cups and saucers fit wis a change for oor auld enamel joogs and she made things cawed crab-apple strudels, but she never ever hid ony sweetney tae sweeten them and they were soor like bitter aloes. In fact I am sure she really made soor croutch and she put in cranberries which were bitter tasting as weel.

Her wyes were very entertaining and she wis popular amongst the young Traiveller laddies. Sometimes she wid say, 'All the chavericks and gooricks roon aboot Lumphanan say that I be the spitting himage o Absie Gagga o Pandora,' but what she wis really saying was, 'All the boys round Lumphanan say that I am the spitting image of the actress Ava Gardener from the film *Pandora*.' Though I personally thought that Sheila Stewart looked more like Absie Gagga o Pandora. Ye thought that she wis describing a legendary siren or something like that, wi cawing hersel Absie Gagga o Pandora.

Anither dose o skitter she telt us aa that her handsome, young, brave, gallant o a husband, whom she adored, wis slain in battle against an evil vampire monster cawed Count Alucard, which, strangely coincidental, is Dracula spelt backwards, and how he wis the only man brave enough tae challenge the evil vampire wha hid a personal vendetta against the young

Gypsy laddie. Count Alucard used tae stalk her young dashing husband, who wis called Miklos Gabanya and the vampire teen awa aa his bleed so he wid die. He widnae become a vampire either cos he wid be too difficult to control.

Whit a dose o cherry prechums, cos wi aa kent she wis married tae wee Danny, a slim, young Traiveller laddie wi fair curly, tousled hair and he wis an absolutely useless dattach. He wis a seekly deeking laddie, wi a moy as white as a snaw wreath in winter and he looked as though he hid bin noshed by a vampire. He mooched, scrounged and scrawned for everything – fags, lowdy and habin. Wee Danny didnae even hae a camp tae bide in and on a fine night he slept under the float and whin it came doon in powdery smoderick she wid sneak in tae slum intae me and mi brither's camp. He wid get up through the deid ceilings o the night and rin fair doon tae Madame Gabanya's vardo and by some miracle he wis intae the tent in the morning. It must hae bin the worst kept secret roon the Traveller's encampment. Ye used tae hear them frolicking and capering mixed in wi the nocturnal sounds o the night. Mony a booter he got frae the aulder laddies for his constant mooching. Naebody said onything cos wi aa liked her so wi aa kept stoom. She adored her undead husband.

Madame Gabanya could tell ye a tale in her funny accent and she related tales from the old country from where she hailed.

THE CRAVING FIELD

Eons and eons ago there lived an evil prince cawed Vladimar the Impaler and he murdered countless fowks in Transylvania and he cut them up intae bits áifter he impaled them on shairp stakes resulting in loads o bleed seeping intae the field until the very field became a vampire wi lust for bleed, especially human bleed. The bonnie green girse gave wye tae a red, mossy, tangled weed and lang tendrils used tae shoot oot wi lang sharp barbs upon them; ony peer unsuspecting person coming alang there fell prey tae the spiked barbs that wid stick intae their flesh and draw oot their bleed and monie a peer sowel died wi the lack o bleed.

Aifter a period o a hunder years, peace returned tae Transylvania and the land wis Catholic and it sae happened that a new priest came intae the parish and he wis ignorant about the craving field.

On one occasion he had need tae visit a member o his new flock tae administer Holy Unction and aifter walking for miles he realised that the woman's hoose wis on the ither side o this field. Ignorantly, he started tae walk upon the field and his lang robes o vesture saved him for a while o the lang sharp barbs, then the barbs penetrated his robes and the priest started tae rin over the field tae the ither side. But with the blood loss he wis weakened and he collapsed at the ither side o the field whar the woman he wis gang tae visit bade. She wis alerted by his distress calls and pulled him tae safety intae her hoose. Being a wise woman, she knew that the best treatment tae tak oot the poison wis a gruel made o slippery elm tae help him replace the bleed he lost. It teen him a fortnight tae get back his strength and the perils o crossing that field that craved for human bleed and wis never satisfied.

Noo the priest telt the bishop an he got special permission tae cleanse the field wi an exorcism. The priest informed his congregation tae meet on a certain day and each person tae bring a bucket o animals' bleed tae perform the exorcism. The field wis blessed and prayers were spoken and the congregation took buckets o bleed and poured it all over the field. The red field started tae groan and it changed its colour back tae a healthy green and the tendrils aa withered and wint back intae the ground and disappeared. Then there wis grateful psalms sung and prayers of thanksgiving to God for the cleansing o the field.

The field wis cleansed and healed but the priest gave the people a caution: 'Ye might think the tendrils are gone, but they still may be active under the ground, so never picnic on this field and if you need tae cross it take a bucket of bleed as a safety net.' ∽

Madame Gabanya finished with the words, 'Weel, that wis a tale from the old country of Transylvania.'

13

THE TWA WISE WOMEN

Maisie Moor Loch wis a bit jealous o Madame Gabanya cos everybody liked her even though she wis a phoney Gypsy. 'Weel, if that deem can tell ye a tale aboot a Transylvanian vampire then I will tell ye a tale aboot a Scottish werewolf and I will tell ye aboot een o mi ancestors cawed . . .

ASPEN QUIVERS

Awa back aboot twa hunder years ago, there lived a bonnie Traiveller lassie named Elvira and she wis an absolute beauty and she wis aye seen roon the moors o Dinnet collecting herbs tae make perfumes tae sell roon the country canes. She wis a popular figure aboot the countryside selling her scents and perfumes aa made o natural herbs. Yet she wis a single manashee and she wis niver seen in the company o ony men.

Then a time came whin fowks noticed her weams began tae swell roaring fu and it wis obvious she wis wi bairn. Naebody kent wha the faither wis but she didnae mang wha the faither wis onywye. Elvira kept her secret fae aabody and even her nearest and dearest didnae ken. Een day, as she wis cadging the

116

canes o the local hantel, a wealthy fairmer faas name wis Jimmy Quivers said tae her, 'Lassie, I can appreciate yer predicament and if ye wid like, I wid wad ye the morn and gie yer bairnie my name and I wid never upcast it tae ye in mi life.'

Elvira accepted the proposal frae Jimmy Quivers, and noo she wis respectable again and her stigma lifted she wis accepted as Jimmy's wife. Whin her baby wis born it wis a wee lassie wi lang, jet-black hair and a strange white zigzag stripe on her front brow o hair and it wis maist unusual and they cawed her Aspen.

Noo, as Aspen grew up she wis a chairmer and she wis sae bonnie that if she saa her reflection in a mirror she wid scream, 'I am sae beautiful.' She wis a guid enough grafter but it wis fatal if she saa her face in a puddle or mirror cos she wid stop an sway an gaze at herself, aye looking at her great beauty. As she grew tae be saxteen, men started tae coort for her hand in mairrage.

There wis een big fella wi a red beard and weel made up came a courting een day and he asked Jimmy Quivers for his daughter's hand in mairrage. But Jimmy said, 'Ye better ask her yersel cos Aspen is a strong-willed girl.'

So the young man wha hid property and land wint intae her room and her faither said tae her that a young man wis courting for her hand. Noo, Aspen wis deeking at hersel in the mirror and she jist said, 'No, I winnae tak him,' and the young man wis highly annoyed cos she didnae even look at him. Angrily he gaed oot o the hoose and intae the wids.

Aspen hid a fourteen-year-auld brither wha adored his sister so he follaed this big gadgie intae the wid tae find oot mair aboot him. He got the shock o his life, cos intae the wids the big man crouched doon on his hunshes and started tae howl like a

117

wolf, 'Oooooooo!' and his face changed intae a wolf's heid wi lang slivering fangs jutting oot o his mooth and his een turned pure blood red and big claws sprouted oot o his fingers which were noo lang claws and he howled and baned at the moon. Young Jimmy, her brither, wis terrified but he didnae hae tae worry aboot Aspen cos she didnae gie him the time o day.

The following year, he came back again tae ask for Aspen's hand in mairrage and her faither teen him upstairs again and she wis looking and swaying at her beautiful reflection and again she categorically telt him no way she wid mairry him and she didnae even look at him and he wint awa in a stroppy huff. Young Jimmy wis fair relieved she didnae tak him and he pursued him again intae the wids and he got anither re-enactment o the metamorphosis intae a werewolf. Young Jimmy kent that this wis een o the wolfen king's sons but he didnae hae tae worry himself cos Aspen widnae tak him as a partner.

Again, anither year passed and Aspen wis eighteen and again the wolfen king's son came a courting for her hand in mairrage. Whin he wint up tae her room she wis, as usual, looking and swaying in front o her mirror, and on this occasion whin he asked her hand in mairrage she deeked roon and looked at him and she saa he wis a guid speciman o a man so she replied, 'Aaricht, I will mairry ye!'

Young Jimmy wis horrified and he kent Aspen wis in muckle peril for her life. The wadding and dowry was aa set forward and a big splash wis ready tae be pit on and the wadding wis gan tae be held at Jimmy Quivers' fairm. The wadding ceremony and nuptial feast wis wonderful but Young Jimmy looked for his faither's big silver cross and he sharpened een point tae save his sister, Aspen, frae this werewolf.

Aifter the wadding wis over, Aspen wis cairried intae a cairriage tae bring her tae her new cane wi her new husband. They were quickly pursued by Young Jimmy and he hid the dagger-like silver cross tae protect his sister.

Aifter a lang hurl they approached a big fancy hoose and the groom cairried Aspen up tae a room and he lit a tilley lamp intae the room. They were nae sooner in the room whin Jimmy saw through the windae o the room the werewolf changing intae the monster and without thinking o his ain safety he burst intae the room tae see his sister looking in the mirror and the monster looking at her throat tae tear it oot. Intruding intae the bedroom airmed wi his sharpened silver holy cross, Aspen turned roon and she saw whit she hid married. She didnae scream or panic, in fact she didnae gee her ginger and she started tae sway. Then Jimmy got anither big shock cos gentle Aspen turned intae a large adder wi the black-and-white stripes and she put her deadly fangs intae the neck o the werewolf and he drapped deid at her feet. Then she changed back tae Aspen and Young Jimmy wis flabbergasted.

'Weel, ye see ye aa thocht that I wis a vain lassie aye looking in the mirror, but ye see my nesmore telt mi that my faither wis the Adder King o Scotland and that I always seen whit I wis and my job wis tae protect my fowks frae the Wolfen King's sons. Nae mair will the werewolves torment anybody in this area while I am here in Dinnet.' ∽

'Noo, wis that nae a better story than the skitter telt by Madame Gabanya.'

Rosella was a woman of about forty-five, and very psychic. She was not in the same league as Maisie Moor Loch as a spey wife, but she had a good touch of the fay. She said tae

Maisie Moor Loch, 'But ye must admit she has style in her presentations and aa the lads like her very much and as ye hae telt a creepy tale, I will noo tell ye a tale wi mair humour jist tae brak the tension.'

JACK TAKS A WIFE

To every woman there's a man and to every man there is a woman, and even though Jack wis a complete killiecrankie, because there wis a shortage o men in this particular area Jack managed tae get a smairt dilly wha could cook, clean and keep a hoose real tidy and nifty. He got by far the best o the bargain cos she wis the sensible een o the partnership.

Aye time they needed a guid milking coo cos the auld yin wis drying up and they needed tae make plenty o caishie tae keep them gan ower the lang winter cos there wis very few vegetables gan aboot. So she gaithered aa the lowdy in the cane and there wis three gold coins. She said tae Jack, 'It is nae fitting for a manashee tae gang and trade and barter at the market, but if I gie ye the loor o three gold coins wid ye buy a young milking coo? Ye dae ken the difference between a coo and a bull?'

'I am nae that much o a gomeral that I cannae tell the difference wi a coo and a bull cos the coo his udders and the bull his a hinging stroop so I can easily get a coo.'

Aff he gaed tae the market and he spied a fine milking coo and he bought it and he wis taking it hame tae his cane whin he deeked a man carrying a wee guffie in his airms and Jack said, 'Fit a bonnie wee guffie!'

And the man said, 'I will swap it for yer milking coo,'

So barmy Jack swapped the coo for the wee squealing grumpy.

Then he deeked a man cairrying a cat under his ogsters and he said, 'Whit a bonnie wee mewler!' And he swapped his wee guffie for a smelly mewler and cairried on wending his wye hame.

Next he spied a laddie wi a string wi a brick tied tae it and he said, 'Whit a bonnie brick!' And he swapped the cat for the brick on a string and he gaed hame.

'Did ye get a fine milking coo for tae get fresh yerim tae mak some caishie for the winter? Wi need a few kebbocks laid by in oor storage.'

'Aye, but I paid the three gold coins for it but I swapped it for a wee piggy.'

'Whar aboot is the wee guffie?'

'Well, I swapped it for a mewler.'

'Whar aboot is the vermin controller?'

'I changed it for a brick on a string.'

'I will batter ye wi the brick!' and she flung the brick at his cann mor.

'Weel, I hae hid it. I am leaving ye cos ye are the maist dumpish gadgie in creation and ye spent aa the loor for absolutely naething and I am nae coming back again till I meet three men sillier than ye, Jack!'

She left the hoose and travelled for a few miles until she came tae a high dyke and she heard the strange sound o man diving and screaming. She entered in the gatewye and there she saw a woman wi a tub for washing and a man tied tae a rope, and he hid in his mooth a ladle, and he wis diving doon a well. He puffed up again wi a ladle fu o waater and she said, 'What are ye daeing?'

'Weel, it's washing day and mi man is getting me waater frae the wallie tae dae aa mi washing.'

'Then why dae ye nae use a pail?'

'A pail! Fit ever for?'

'Weel, ye see, wi a pail or a bucket, ye tie tae the rope and ye chuck it doon the well and ye get the water in nae time cos the wye ye are fetching waater it will tak ye aa day!'

So she got a pail and showed them fu tae get monteclara for washing and they were baith very happy and the man said, 'Ye should see me on a bathday!'

He took a gold coin oot o his pooch and he gaed it tae the woman.

She gaed on her road again and she came tae a high hedge and she heard a man screaming and as she gaed roon tae investigate she deeked a man wi a white sheet ower his heid and his wife wis hitting him ower the napper wi a sledgehaimmer and the bleed and snotters were flying aa wyes and she shouted tae her, 'Why are ye killing yer man?'

'Have ye never seen a man getting a new sark for his birthday?'

'But then, why are ye hitting him ower the heid aa the time?'

'Well, I jist dinnae ken fu ye mak the hole for his heid, so I jist keep hitting it till it pops through.'

'Hae ye nae got a pair o shears in yer hoose?' So she gaed and got a pair o shears and Jack's wife cut the hole for his heid.

'For twenty years mi wife has made mi a sark but it taks months tae get rid o the headache!' He took a gold coin oot o his pooch and he gaed it tae her.

'Weel, that's twa corrachs I hae met!'

She continued on her venture and she came tae a high hedge and she saw a woman wi a man lashed tae a ploo and she wis whipping him tae ploo the fields and Jack's wife said, 'Why are ye bad-using yer man?'

'Hiv ye never seen a man before helping his wife tae ploo a field?'

'Hiv ye nae got a pownie?' So Jack's wife took the man aff the ploo and she tied the grye ontae the ploo and she telt the woman tae gang intae her cane and dae something else and leave the man and the grye tae ploo the field. The man wis sae pleased that he gaed her a gold coin oot o his pocket.

She returned hame tae Jack and she said, 'Jack, ye are nae the silliest man on earth cos there are a lot mair dumpish fowks than ye gan aboot!' And her and Jack got on better aifter that. ∽

14

THE LAST DAY AT LUMPHANAN

Noo that the time at Lumphanan wis drawing tae an end and the cranberries on the Parkhill wis harvested, we hid a wee ceilidh on the roadside cos next day we wid be moving lock stock and barrel tae gan ower tae the Bandeleys' fairmies tae dae the flax hairvest. Noo, everybody worked at the flax – men, women and bairnies – and it wis gruelling graft but we hid tae honour the contract mi nescal got frae the Cowdray estate.

That nicht, before cleaning up the auld road, aabody burned rubbish and buried that which couldnae be burned. We left the places aye spotlessly clean so wi hid nae comeback frae the locals. The auld road wis an ancient drovers' road used for centuries but there were only four hooses on the road itsel and we hid a guid relationship wi the country fowks and sometimes the pluchies used tae come doon and jine in the ceilidhs.

Weel, on this last nicht at the ceilidh, Donald and Isaac Higgins played wonderfully on the pipes and ither nae-sae-guid pipers played as weel, followed by Albert Stewart on his fiddle and he wis a brilliant fiddler and he came frae a very talented musical family. Even young bairns got tae tak a shottie at singing and dancing cos the children were also very talented and I remember singing 'Twa Recruiting Sergeants' and it wis received weel. Mi Auntie Jeannie wha wis an amazing singer and probably the highlight o the ceilidh sang 'Dark Lochnagar'.

Frae whar we were haeing the ceilidh ye could actually see Lochnagar jist beyond Ballater. The wye the Travellers spoke they used tae say, 'Aroon yer white seemit the elements war,' and the word wis 'summit' but I fair believed it tae be a white 'seemit' and the permafrost white ring upon the seemit wis Lochnagar's napper.

Auld Maggie telt us the big tale o Jack at Lochnagar.

JACK AT LOCHNAGAR

Lang, lang ago, there were a lot o wizards and witches, warlocks and evil Lairds o the Black Airts gan aboot causin troubles for everybody and they ruled wi a rod o iron. Very few people could stand up tae them for fear o bad reprisals. There lived a decent woman cawed Annie and she hid only een son cawed Jack and he wis a handsome strang laddie and he hid a fearful temper and he wis a lad tae be reckoned wi. The king o the land wis usually a guid, kind sovereign, but he started tae tax the fowks very heavily and Jack's nesmore didnae hae enough lowdy tae pay the taxes extracted frae the king. Noo, Jack, wha hid a very short fuse, wint furious and his reputation for being a warrior wint abroad like a legend so he decided he wid gang tae the king's castle near Lochnagar tae hae it oot wi the king. The king wis trash o Jack and he could fecht like a regiment o sodjers. Jack wis made welcome at the castle and he pounced richt awa at the king and demanded tae know why he wis taxing the peer fowks and the king informed him that his only dochter wis under an evil spell by Slorrachs, the evil Laird o the Black Airts.

The king took Jack tae see his dochter wha wis sleeping and she never woke up frae her deep slumber and she hid tae be deeked aifter aa the time. 'Ye see, Jack, I widnae consent tae gie mi dochtor's hand in mairrage so he said that nae man wid ever get her either.'

He telt Jack that he wid exempt his mither frae the tax but Jack widnae hear o it and he telt the king that he wid speak tae Slorrachs and challenge him tae a duel.

Slorrachs wis summoned and Jack took him by the thrapple and nearly choked the life oot o him. Slorrachs wis powerful and he said tae Jack, 'I will challenge ye tae a duel o magic. Yer power o white magic against my ain black airt!' and Jack accepted.

'Weel, whit wid ye dae for a duel o magic, Jack?'

'I will challenge ye in three days' time tae melt the snaw roon aboot the seemit o Lochnagar and I will stop ye.'

'That's an easy-peasy task for mi, Jack, and ye will lose it and ye will hae to be my servant for a year and a day.'

'But if I succeed in three days' time then ye must tak aff the sleeping spell frae the king's dochter.'

They baith shake fammels and agree the better and stranger magic will prevail. The perma-white snaw ring roon the seemit o Lochnagar wis aye there in aa seasons, but the next morning Slorrachs caused the sun tae shine sae hotly that the snaw ring wid melt.

Early next morning Jack got up and he brought a full cairt o bags and he gaed awa frae the castle whin the king spied him and he asked Jack whar he wis gan. Jack got irritated wi the king and jist diddled, 'Di dum di di diddle di dae!' and that wis Jack's release valve before he wid tak an eppie. The king wis annoyed that Jack wis leaving, especially at the time o the three-day duel.

On the first day, Slorrachs caused sae muckle heat that the fowks were fainting on the road side wi heat exhaustion and there wis nae hide nor hair o Jack cos he telt his magic tae naebody. At the end o the first day the seemit o Lochnagar still hid its wee thin snaw ring roon its neck.

The next day, Slorrachs made it twice as warm so that nae snaw could possibly bide on the mountain tap. The peer fowks were passing oot wi heatstroke and sunburn and it wis very stickly uncomfortable tae aabody. Still, Jack hid nae came hame tae the castle tae confront auld Slorrachs. The king wis worried that Jack hid deen a runner and that the princess wid die. At the end o the day the snaw ring wis still persistent tae bide and Slorachs couldnae understand fu the snaw hidnae melted.

The third and final day, auld Slorrachs hid knackered himself wi using up aa his black airts tae keep the sun shining and then he caused sic a heatwave that naething could endure it and the fowks were faaing doon like flies. Yet wi aa his evil airts he couldnae melt the snaw ring roon the napper o Lochnagar. At the end o the third nicht, Jack returned and he laughed at Slorrachs, 'Weel, ye hae lost yer duel and ye better restore the princess tae her waking state.'

Auld Slorrachs hid used sae muckle o his airt that he hid very little energy tae fecht or answer back.

'Noo, Slorrachs, I want ye tae serve the king as a guid advisor and help him govern the land wi kindness and wisdom!'

'Weel, Jack, ye have thrashed me bitterly but could ye tell mi the secret o yer white airt and fu it is sae powerful that ye were able tae keep the snaw roon Lochnagar?'

'Ye see, the black airt comes frae auld Cloven Hoddie but white airt is jist simple applied wisdom. And I telt naebody, nae even the king, o my intentions. Ye see three nichts ago I got a full cairt o saut and every nicht while ye were trying tae melt the snaw and ye wid hae succeeded but I kept filling the ring wi saut and ye thocht that it wis the snaw.'

Jack's brilliant scheme worked and he got everything restored back tae normal and aabody wis happy. ∽

'Ye ken, fowks, that evil airt is nae guid but the white airt is jist applied common sense.'

I thocht it wis a smashing tale frae Auld Maggie.

It wis not uncommon for Auld Maggie tae tell a couple o Jack tales back-tae-back and she then went on tae relate the story o Jack the Hunchback.

JACK THE HUNCHBACK

This is a story aboot love and it is a very ancient tale frae the Traiveller folk. Gan back donkeys o years ago there lived in a big mansion hoose wi a hedge roon aboot it a young man and woman and they were sae very much in love and they only hid een for each ither. They couldnae even gie a wee bittie love tae onybody else. Then the woman wis very disappointed cos she found oot she wis pregnant and baith her and her man didnae want a bairn cos it micht distract them frae their love for each ither and whin the kenchin wis born it wis a beautiful wee laddie wi blue yaks and bonnie, fair curly hair but it wisnae wanted by neen o its parents. They named the bairn Jack.

An auld Gypsy woman used tae come by and see them every year. Her name wis Camilio and she wis due tae visit them. She wis a wise woman and maybe she wid tak little Jack wi her and perhaps sell him tae the highest bidder. Camilio telt them that the king didnae hae a child and she wid present Jack tae the king and new queen. She teen the bairn tae the palace and the king made her welcome but telt her he hid a child o his ain and a son at that. The new queen, wha wis a dark, swarthy-skinned lady, whin she saa wee Jack, a bonnie wee laddie, and her son sae swarthy, she took an instant dislike tae Jack cos he wis a bonnier bairn than her son Tolomi.

The queen wis o an evil ilk and she came frae a land whar they practised torture and mutilation. The king said that Jack wid mak a nice companion for their son but the queen hid evil intentions. She ordered her private torturers to break Jack's beens and pit a hump on his back and mak him intae a mountbank and a dwarfie as weel. Wee Jack wis subjected tae terrible agonies under the hands o her wicked monster men.

Whin the king saa what happened tae Jack he wis fu o sorrow cos he wis a guid king and widnae hurt onybody but his wife wis brought up wi the evil and cruel wyes o hurting fowks.

Noo, as the prince wis growing up he looked like an Adonis beside Jack wha wis an object o ridicule and treated like a court jester. Tolomi wisnae a coorse lad like his mither; he liked Jack and he showed him kindness so Jack grew up in the king's palace and things were bearable for him until Tolomi wis gan tae get spliced tae a foreign princess and een o his mother's relations and she wis o the same evil ilk. The first time she saa Jack she screamed and said, 'Boil him in oil! He is so grotesque tae look at and if I wis with child then I may have a freak cos I looked at the hunchback!'

Baith the king and Tolomi said, 'No! Jack is oor freen and he is not responsible for his appearance.'

'I want him executed immediately!'

Tolomi and the king sneaked Jack oot o the palace and telt him tae hide for his life as she wid hae him slain.

Noo, Jack's life wis in turmoil and topsy-turvy but he gaed awa and trudged for miles until he came tae a panoramic wid and intae the middle o this huge wid he found an empty woodcutter's hovel and he tidied it up a bit and he took his wee horsie that he got frae Tolomi and he tethered it up and fed it wi clean girse and a wee cane wis made oot o the butt and ben. Jack slept and lived in the ben but the butt wis for animals tae bide. He hid his grye and a wild nanny goat that gaed him milk that he made intae caishie and a wild woodland stag that he nursed back tae strength and it behaved like a guard dog keeping awa ony intruders cos Jack couldnae let fowks ken whar he bade and things idled ower fine for him and his animal freens.

Aa the creatures became mair and mair and the butt wis full o wild animals that Jack hid domesticated. He wis getting eggs frae geese and birds and the horse helped him cultivate his land roon aboot the hoose and so did the stag help him shift and pull and fetch and cairry. Still he aye hid time tae tend tae seek animals and the butt wis getting mair like a menagerie every day.

Een day, Jack wis cairying a large coggie o timbers for his fire when he noticed a tiny wee horsie aboot a fit high and a wee tiny rider aboot a snakemouth tall and Jack wis amazed and he thocht tae himself, 'There's a smaer man than me!' He noticed the wee horsie slip and the rider faa aff the grye and he wis hurt, so Jack picked up baith the horse and the rider and took them hame tae his place whar he nursed them baith and in a couple o days the wee gadgie got better and recuperated.

'It is time for me tae gang hame tae mi ain land and if ye wid like a short holiday, Jack, then I will tak ye hame wi mi and ye will be a giant there and nae a dwarfie.'

The next day Jack followed him intae the wids and they came tae a very large aik tree and the wee mannie played a wee whistle and a door opened and the wee mannie, the horse and Jack took a gander through the ancient aik. And whin they came oot at the ither side, Jack found himself in a land o little hantel and aabody wis deeking at Jack like a monster cos he wis much bigger then the rest o the people and the fact that he wis deformed, disfigured and an oddity. The wee fowks were in beautiful proportion tae their size but they were very nice mainnered tae Jack.

Jack wis able tae dae work for them that wid tak twenty o their men so his strength wis o great value tae the fowks there. Jack wis treated like a national hero and the wee kenchins adored him. He wis never sae happy in aa his life and he felt he wis o service tae the community. Aifter a few days Jack telt the fowks that he wid like tae gang hame tae attend tae his animals.

'Weel, afore ye gang awa the moran we wid like tae dae a service tae ye and we will start the nicht.' The wee fowks took Jack tae a thing like a shallow grave and they telt Jack tae lie doon intae it and they gaed him a lang hollow reed and telt him tae pit it in his mooth so he could breathe aaricht. Wi the reed in his mooth they telt Jack nae tae be trash cos they widnae hurt him in ony wye. Then lots o hot mud and clay got poored aa ower him and he wis completely covered wi the hot stuff and then he wis left on his toad inside this grave o hot mud and clay. Aifter whit seemed like an eternity, they wid come and poor a sweet liquid intae Jack's straw and he felt he wis being nurtured. His body wis getting tighter squeezed every minute and Jack felt a lot o pain during this strange process.

Then een time he felt haimmers, mallets and gavels hitting

lumps aff o him. Eventually, aa the dried mud wis getting broken aff o him and a deluge o waater wis poored ower his body and the hollow reed wis pulled oot o his mooth and he wis able tae stand up. He wis sax feet tall and a bonnie, bonnie boy.

Jack got a mirror and he said, 'I am a handsome fella!'

'Ye aawyes were Jack and we saa ye as ye really are and ye are a guid man. Noo, things will be changed whin ye gang tae yer ain land. We will gie ye a bag o seed and whin ye desire, ye jist chuck the seeds whin the rain will pelt doon in torrents cos there his bin a very severe famine above us and the rain his bin sealed intae the heavens but things will change whin ye come hame tae the palace. The queen is deid so naebody can threaten ye noo and ye hae aa the aces in yer fammels so use them wisely.'

As Jack came tae his ain land there wis nae a blade o green girse or ony flowers tae be seen and Jack hastened tae the palace whar he wis welcomed like a prince by the auld king and the younger king, Tolomi, wha wis Jack's companion as a child and wha looked very wizened and wrinkled and he looked as auld as his faither. Jack hid never aged but wis still a very handsome twenty-one. They both pleaded for Jack's forgiveness and he forgave them freely cos he knew that neither o them hid onything tae dae wi Jack's deformity.

The big rain clouds started tae thunder and rattle wi lightning and the large draps o monteclara wis sooked in by the parched arid earth. Jack strew his various seeds and immediately everything came intae fruition there were fields o brolin wheats, acres o barley and oats and rye, aa kinds o greenery and vegetation grew alang with the fields o floribunda and everything became alive and there wis plenty o food in the realm and naebody wint without habin.

Tolomi cawed for his dochter, Princess Esther and she wis a beauty o high degree and he said tae Jack, 'For saving the lives of the people, I will mak ye a prince o the realm and I will gie ye the hand o mi dochter Esther for tae be yer bride.'

Esther wis not in the ilk o her mither and grandmither cos she wis sweet-natured. Jack became a prince and a champion o the people and everybody liked him cos he wis merciful.

The auld Gypsy culloch, wha wis ancient, wis still living and she came tae Jack and begged his forgiveness as weel, for she took him tae the palace aifter being given awa by his selfish parents.

Jack inquired aboot his parents and Camilio telt Jack they were very wretched people and the blue sparks o hunger wis coming oot o their een and they were pale, peer and sae scanty. Jack ordered that they were taken to the court and Jack revealed who he wis and did not tell them of his behaviour at the hands of evil persons. He did not want them to feel guilty aboot his past troubles and he welcomed them intae his life and they were so very sorrowful cos o what they had done by abandoning Jack as a baby. Jack showered them with love and servants tae deek aifter them and they wanted for nought. Jack proudly presented his princess wha wis wi child and he said, 'A little child is the greatest blessing of love a couple can have and it strengthens both their love and appreciation for each other and we will shower our child, whether a boy or girl, with so much love that the world will be not big enough tae hold it all.' ∿

Auld Maggie hid surpassed hersel and it wis anither smashing Jack tale.

Frae baith the auld road o Lumphanan and Alford we got a

guid view o the mountain Benachie and jist before we left tae gang tae Alford a very auld man cawed Ancient Brookes telt us the story o how the Giant o Benachie came aboot.

THE GIANT O BENACHIE

'Ye see, awa back in the days whin Christianity wis very young in the heathen islands o Britannia, there wis een or twa saints preaching roon the land and haeing very little success amongst the hantel. There lived a young shepherd lad aboot nineteen and he wis watching ower the sheep that belanged tae a noble man.

Aye day the young lad, whas name wis Jack, thought tae himsel that it wis a shame that the sheep were nae really his. 'Oh, I wish I hid a flock o mi ain sheep but because I am sae peer that will never be!'

Then he thought that he heard a sweet, kindly voice speaking tae him saying, 'I am the good shepherd and I would lay down my life for my sheep.'

Jack thocht tae himsel, 'If this wis mi ain sheep then I would fight for them but I am but a hireling and I will never hae a flock o my ain.'

A voice said tae him, 'Oh yes you can!'

He wondered whar the voice came from as he could see no other person there. 'Look in the river and I will tell ye everything that ye need tae ken.'

Jack gaed over tae the river and there he saw a beautiful, radiant, bull-tusked silver-backed laddie. Aye, a lovely salmon (in Traiveller lore that word is considered unlucky cos usually we address them as cauld-iron flattern). The salmon telt Jack that he could be a great shepherd if he followed his instructions.

'How can I be like that whin I have nae a wing nor a roost aboot mi sowel and body?'

'I will gie ye my great knowledge and wisdom and powers tae help ye but we need tae traivel a great distance tae get there. I will beach masel oot o the river then ye must kill me and eat mi tae digest aa the wisdom.'

'I dinnae want tae kill ye and eat ye up cos I feel it wid be like eating a friend.'

'There is nae ither wye tae gain mi knowledge. Ye see, I winnae die cos I will immediately transform intae a large eagle and I will guide ye, Jack, aa the road tae whar we are gan.'

Jack obeyed the salmon and he started tae feel strong and his heid began tae swell wi aa the knowledge accumulating inside his napper. They started richt awa on their journey.

The eagle telt him that they were traivelling up tae the barbaric lands o Mons Grampus in Caledonia and that the people were very hostile and practised the old religions and Cloven Hoddie hid a richt hud upon the folks there. People lived in terror o him and there were very few goodly men gan aboot but there were een or twa.

While they were on their journey the eagle kept Jack wi rabbits, hares and vegetables frae the fields. Noo, Jack wis feeling a metabolic change coming ower him cos he nae only wis growing in knowledge, he wis growing in stature and each day he wis getting bigger and bigger and he grew two thumbs on each hand and they resembled huge shears. As they grew closer tae the Cheviots, folks started tae pay attention tae Jack cos noo he wis a powerful Goliath of a man but he retained his guid looks.

The eagle telt him it wis time tae change his name frae Jack tae Jock cos Jock wis mair acceptable tae the wild folks o

Caledonia so frae that time he wis known as Jock. Eventually they arrived at the mountain Benachie whar a cave wis found for Jock tae bide and folks started tae inquire aboot him and whit wis it he deen. Jock telt them he wis a shepherd and for a small payment he wid look aifter their sheep for them. In nae time he hid a large flock o sheep under his watchful eye.

Een day Cloven Hoddie, wha lived in a palace under the mountain wi a puckly demons, approached Jock and asked him whit wis he daeing and Jock informed him that he wis the new keeper o the flocks.

'Ye ken that they hiv tae gie me a tenth o their flocks or I will cause them havoc.'

'Ye will hae tae beat me or gie up yer claim on the people's sheep,' said Jock.

'I will challenge ye tae a stane-chucking competition,' said Cloven Hoddie, 'and on the appointed day I will pick up a giant cloch and we will set it doon on the tap o Benachie.'

The date wis set and aa the peasants gaithered roon tae watch the challenge and twa equally sized cloch boulders are pit side by side. Jock picked up his yin and chucked it fair on the tap o Benachie and he said, 'Absolutely perfect! Richt on the summit and I will caw it the Mither Tap.'

Cloven Hoddie did the same but his boulder overshot the tap and landed a few miles further and he said, 'I will caw it Clochna Ben.'

So Jock won cos it wis that wha could chuck their cloch stane richt on the summit o Benachie. The folks aa cheered cos they didnae loss ony o their sheep and they gave Jock some sheep o his ain and Jock wis fair ower the moon cos at last he hid sheep o his ain jist as the eagle promised.

One time he wint back tae his cave and he wis aware that

somebody else hid bin biding there. He carefully investigated and he came across a giantess wha wis very guid-deeking and he enquired o her wha she wis. She telt him that her name wis Janet and cos she widnae gang tae bide in Cloven Hoddie's palace under Benachie he hid made her a giant, telling her that nae man wid ever tak her cos she wis too big tae bide wi. Jock telt her whit a pretty woman she wis and he would love tae hae her for his wife and they got hitched much tae the displeasure o the Devil.

The Devil came back and he challenged Jock tae anither competition and Jock picked oot twa fields o oats lying adjacent tae each ither and challenged him tae wha could harvest and gleam the field fastest wid get tae keep the profits o the fields. On the day o the competition aa the peer folks came and Jock organised them tae stook, bind and gleam the stubble while he wid cut the oats doon.

The Devil hid heaps o demons and a huge golden scythe and he wid win the day so they baith climbed up the tap of the field and at a shout wid commence wi the harvesting competition.

Well, Jock took a belly flapper doon the hill and his huge shairp sheers o thumbs could cut doon like lightning and clean doon the line whilst the peasants gleamed, stooked and dinded in a very weel-organised labour force. While the Devil was cutting fast, his useless demons couldnae stook, bind, nor gleam.

Jock won hands doon. The people had won again and Jock shared oot the worth o the fields wi everybody. As a reward the poor folks gave him mair sheep for himsel. There wis a great celebration held.

Cloven Hoddie came back again and this time he challenged Jock tae a fete o magic and he allowed Jock tae pick his ain challenge so Jock embarked on a secret plan. He visited the Abbey o Deer and he spoke tae the Abbot in charge and asked him if he could spare maybe five o his monks tae help him overcome the Devil and the Abbot telt Jock he could get four but also these lads were mair scribes and translators than really spiritual monks. He wint on tae tell Jock that there wis a really nice young monk cawed Brither John wha worked ontae a small community on the ither side o a deep oxbow loch that gaithered whin the River Don wint intae spate. He wis a willing hard worker but nae sae much o a teacher cos he couldnae sing the litanies for he hid a vile voice. Jock teen the Abbot o Deer on his shooders and he walked richt tae the oxbow loch and cos o his size the waater wis only up tae his chest and the Abbot wis dry shod.

On reaching the ither side they heard this young monk singing and it wis jist horrible, nae tune nor smell aboot his voice. Whin Brither John saa the Abbot, he wis so thrilled and the Abbot telt him that he wis getting a new assignment tae dae and Brither John accepted it richt awa. The Abbot telt him he wis gan tae bide intae a wee hoose that wid be like a chapel whar they could preach tae the folks roon Benachie. The Abbot taught him the richt tunes tae try and perfect him for his new mission but tae nae avail; he jist couldnae sing.

'You must keep practising these chants so you can become perfect like our Lord.'

Jock carried the Abbot back ower the deep waater when they heard a loud voice shouting tae them, 'Abbot, teach me to sing one more time that I may be more likened unto my Saviour.'

Then Brither John ran on top of the waater and begged the Abbot to help him be more perfect in the religious life to which the Abbot replied, 'Brither John, you have just demonstrated that you are closer to Christ than I will ever be.'

The small cottage wis converted intae a litle chapel for the monks to live in and Brither John would be in charge of it. The Devil came back to Jock and asked him what challenge of magic he would use against him and Jock replied, 'Shape-changing.' He picked up a very small box and he said, 'Whoever can shape-change the smallest size and get in the box wid be the winner of everything that we survey.'

The Devil immediately changed very tiny and jumped inside the box while Jock never changed an iota. Jock picked up the box and covered it with chicken wire and locked it and he brought it to the little chapel and it wis given to the safekeeping of Brither John.

Since that time, Cloven Hoddie wis never seen again on Benachie for he is in the keeping o the monks somewhere in Scotland. Jock and Janet moved intae the palace underneath Benachie and are still there as far as we aa ken. Christianity thrived aifter that banishment o Cloven Hoddie and aa the folks roon the area prospered and did weel. ∼

Ancient Brookes finished aff wi telling us that whin we hear the thunder roon aboot Benachie then it might jist be Jock and Janet haeing a great row wi each ither.

15

THE SEANACHIES

Aifter arriving at the Bandeleys' fairmies, we sat by a living fire and the auld folks reflected on some of their stories. There wis an English Traiveller fella named Richard, wha came up here every year tae help wi the cranberries and flax gaithering. As he spoke English he telt us this unusual tale.

NEW TROUSERS

There was once a very poor couple called Jeannie and Frankie and they were in very humble circumstances. At the beginning of the season they had neither a wing nor a roost to bless themselves with. They had a handcart because they could not afford a horse and wagon; they carried all their belongings on the cart and they slept in a bough camp. They more or less lived on rabbits which Frankie caught. Despite their dire poverty they were very much in love and they whistled and sang as the day was long.

One day they were hawking at a large house and the woman of the house looked at Frankie's trousers and remarked, 'They are the ugliest, clattiest strides that I have ever seen!' And Frankie agreed with the lady, explaining they were the only pair of strides that he had. The lady told him that she would give him a pair o breeks that belonged to her dead husband and went through to a room and brought back a beautiful pair of Sweedords and they were in immaculate condition and the seams were so sharp that you could have shaved yourself with them. The lady presented them to Frankie and he was very grateful.

When he came home he ceremoniously burnt his old clatty strides on the glimmer and put on the new ones. The Sweedords looked very toffy and Frankie showed off his new trousers. He put his hand into his pocket and he felt something there. He pulled out a crisp, fresh pound note. Immediately he showed it to Jeannie and she told him to return it to the lady because even though they were poor, they could be honest.

The young couple went back to the lady and she told them to keep it as they were more in need of the money than she was. She explained that her late husband was a famous wizard and that was a pair of his trousers that he used in some of his magic acts. Furthermore she told him that any time he needed an extra copper that if he put his hand in his pocket he would always find a crisp pound. Frankie was delighted and, yes, every time he needed money he always found a fresh rege. Things went well for them and soon they had the best wagon and horse and they prospered so well and as long as he had the trousers, they did well.

Then one day a jealous old Gypsy woman asked Jeannie how she was doing so well. Jeannie told her about her husband's new fortune and the magical trousers. The old woman made her designs on stealing the trousers for herself so that she may have good fortune. She told her handsome young grandson to look out for a time when the trousers were on the washing line and to steal them. This lad was about eighteen years of age and looked like an Adonis and the girls chased him everywhere and he was so popular.

It came one day that the young man noticed the Sweedords on the washing line and he quickly stole them. The grandmother was delighted and she packed up their belongings and moved. When they had relocated themselves to another camping ground, the old woman instructed her grandson to put on the trousers. The trousers fitted him to a tee. Now all the money would be theirs.

The young man put his hand into his pocket and he felt something soft and squashy and when he pulled out his hand it was covered in horrible, smelly, cat's skitters and he was revolted. What a terrible smell there was emanating from the trousers and the pockets were seeping wet with the cat's bloop. Now the girls would not come near him and after a day he told his grandmother that he was not wearing the strides any more. He burned the horrible trousers on the fire. After a wash in the burn he put on his old trousers and to his utter disgust, he found another cat's skitter in his pocket. This awful, horrible happening was with him and now none of the lassies would look near him and everybody called him 'Cat's Skitter'.

Eventually, his grandmother bought him a new pair of trousers from the shop at Alford. When the young man put them on, the curse still followed him because even in the new trousers, he found a cat's skitter' and every pair of trousers he ever wore still had the same curse. The poor young lad could not get a girlfriend because of the smell that emanated from him and he got the by-name of 'Moggie's Bloot'.

As for Jeannie and Frankie, well they got on like a pair of bandits. ∼

Aifter English Richard telt his tale then his best freen Josie started tae relate a story as weel.

THE MOUNTAIN KING

There are certain times in this world whin things go back to front or heilstergowdie in the elements and it wis on sic a day that Lady Marcia Strathallen wint oot for a ramble by the old hallow tree near the loch. On this particular evening the sun wis setting in the east and the sky wis in mauves and violets and the moon wis also high in the sky and there wis an eerie atmosphere lingering in the air.

As Lady Marcia walked by the hallow aik tree, she espied a very guid-looking fella and she wis very teen wi him. She spoke tae him and gave him the time o day and he responded and they struck up a strange friendship. His hair wis jet black and thick heavy curls hung ower his pow and his een were big and wide and his smile wis absolutely captivating. He sported a large dimple on his chin and the young fella wis a pure Adonis. Lady Marcia wis in a whirl wi him and he told her that he wis working on a magic mat and he needed tae get aa the symbols sewn intae it. 'I can only work upon it at certain times whin the world changes its course and goes backwards. If you want to know more about me then come back tomorrow nicht and I will reveal more of myself to you.'

The next nicht Lady Marcia gaed oot for a gander by the hallow aik tree by the lochanside and she noticed that he wis naked frae the heid doonwards tae his waist and she wis absolutely thrilled by the handsome chavie. He spoke very romantically tae her and she waited aa nicht lang wi him as he wis still weaving the mat and he telt her tae come back tomorrow for the last nicht as the mat wid be finished. Lady Marcia relished the thocht o meeting him the next day.

That last evening he showed her his complete nakedness and she wis excited beyond compare and she noticed that he had little hooves instead o feet and she said, 'Are ye Cloven Hoddie?'

'No! Indeed not. I am certainly not him but I am a son of Hermes the Hunter and I hae a kingdom of my own up in Crag Eerie.'

'My husband, Lord Strathallen, owns aa that lands and mountains and if there wis a palace there then he wid hae telt me aboot it. It disnae mean tae say that if ye dinnae see it that it disnae exist.'

He cawed Lady Marcia intae his bosie and he made violent love tae her like she hid never experienced before and they made love several times. Her ain man wis a dud at lovemaking and he wis a reid-heided git and a doorick and a soorick. Noo she hid discovered great excitement and he telt her his name wis Ben Eerie and that he wis the King o the Mountains. He telt her that she wid hae a son tae him and whin the bairn wis three years auld tae tak him up tae Ben Eerie and knock at the mountainside and he wid let them both intae his domain and kingdom. She wis tae caw him Craig whin he wis born and whin the world gaes backwards and she hears the strange, chilly music then that will be the time tae come tae Ben Eerie.

Nine months later she hid a son and he wis a beautiful, black-curly-heided lad like his dad, but Lord Strathallen thocht that it wis his child and he adored the boy. Then it came tae his third birthday and there wis a great celebration party being held for Craig, but Lady Marcia took him awa early that morning up tae Ben Eerie and knocked upon the mountainside and a huge rock jigger opened up and the Mountain King took them intae his realm. It wis a beautiful place wi everthing ye could possibly think upon and she wis noo the Queen o the Mountains. Everybody in Strathallen gaed oot searching for her and the bairn but it wis as though she vanished intae thin air.

Aifter a while she missed the outside world and she asked her new husband if she could gang oot and collect some berries and wild savoury herbs tae add a tang tae her cooking and he granted her permission tae go oot for one hoor every day but nae tae look doon on the village cos it wid open the floodgates o her mind and she micht want tae gang back.

'Never,' she said, 'cos I love ye far too much and mi thochts are never in the village and wi hae three bairnies noo and I dinnae ever want tae leave here tae the former life I lived.'

Een day she wis oot collecting berries whin an auld freen cawed Teenie Tight saw and spoke tae Lady Marcia but she didnae tak her on. The woman telt her the sad news that her mither wis dying and she jist hid a few days left tae live. Lady Marcia wis very upset and she asked her husband if she could leave, jist tae tak care o her mother's estate.

'I hae aye feared this day cos ye might nae come hame tae mi but I can gie ye een month and a day and the morrow is the first day o June but ye must return before the five o'clock kirk bell jows on the second o July.'

She agreed tae dae that and keep tae the rules as the king said tae her, 'I cannae dae naething if ye are a month or a minute ower the time.'

She gaed back tae her mother's hoose and her husband wis there wi her brither, and her husband wis very angry at her taaking awa his son frae him and telt her tae bring him back. Her mither wis overjoyed that her lassie hid come hame and she started tae recover and get stronger. The month and a day wis passing by real quickly. The mither lived tae the last day o June and Marcia hid tae arrange a very quick funeral and sort oot the estate. Aifter the funeral it wis the last day left tae get hame tae the mountainside before the kirk bells jowed the final knell o five o'clock.

She started tae rin up the mountain but Lord Strathallen followed her on horseback and he attacked her and he bruised her and he wis trying tae tak her back tae his castle but Marcia focht him aa awa cos she hid too much tae lose wi her Mountain King and three bairns. She rins and rins wi aa her might being hampered by the idiot o a man until she came tae the last few yairds tae the rock jigger and the bells tolled five jows and she wis left outside o the mountain knocking tae be let in. Noo her man couldnae let her in cos o his magic oath and the bairns were aa saying tae their faither tae let their mither intae the mountain but he widnae budge one inch.

'I am bound by mi oath so I cannae let her intae the mountain.'

Then Craig shouted, 'Weel, wi bairns are nae bound by yer oath so we are gan tae let oor mither intae the mountain.'

The children turned the big lock inside the jigger and they opened up the mountain tae their mither and whin Lady Marcia came in tae the palace she said, 'I will never gang outside o mi mountain again and I will never look doon on the village or spik tae ony ither person again for I nearly lost everything that I hud precious.'

There wis a fine celebration that everyone wis happy and her former life couldnae hud a candle tae her new yin. ∽

Josie turned roon and said, 'That wis an ancient Scottish tale that I heard frae mi grandfaither.'

16

AULD GRUER'S TALE

The working at the flax wis very tiring and whin wi were finished at nicht we were aa too exhausted tae dance, sing or whistle. Very few o the musicians played their instruments because o tiredness. We wid maybe tell stories but even that took an effort tae dae. There mi nescal wis in complete command o the situation, and he seen telt fowks if they were malingering; mi faither hid a strict army training and there wis nae time for skivers at the flax.

We were jined by anither big tribe o Robertsons faa were far-awa relations and some McQueens wha hid a big barrie tent like a circus tent and they hid beds and even a portable toilet there. Some o the Whytes and Higgins came there as weel tae help in the gaithering o the flax hairvest and the men used scythes tae cut the flax and women fowks hid hand sickles. Kenchins pulled wi their fammels and made wee roads through the fields o flax and the flax wis much taller than I wis. At nicht whin we were finished grafting in the fields, everybody wis hippit and sair backet and Sloan's liniment wis rubbed intae yer sair bitties tae relieve the pain.

Everybody jist retired early tae their kips cos they kent every day wis pure torture and the only work deen wis the flax and aa ither chores were pit aside and only necessary tasks were performed. Horses hid tae be fed and things hid tae be repaired. Sometimes storytelling wis the only sense o relief offered and sometimes een story wis telt in a nicht, so here is a tale telt by Auld Gruer.

JACK, THE WISE MILLER

Roll up, roll up and see a penny peep show.
A big fat wifie sitting on a poe.
Roll up, roll up and heard a wee story.
Everyone's a winner so sit doon or go!

Hinnae back in the days whin Adam wis a boy, there lived a beautiful dilly wha wis sae bonnie that even Aphrodite and Nefertiti were jealous o her and word wint aboot o her great loveliness until it reached the young prince o the land wha came tae look upon her. Whin he saa her he fell deeply in love. He telt her faither that she wis gan tae be his bride and she wid gang awa wi him and live in the ladies' quarters o the palace. She wid hae a special lady-in-waiting tae attend tae her every need until he mairried her in three months' time but she wid have her veils cover her face so nae ither man wid look upon her moy and death tae any man wha deeked her face. Clarissa, that wis her name, didnae get ony say in the matter.

Whin she arrived at the palace she wis ushered intae the ladies' quarters and introduced tae Lady Isadora wha wis at her constant beck and call. She unhappily endured gan aboot wi twa veils ower her heid. Aboot a month frae her wadding she wanted tae gang tae the mairket in the city tae buy her husband-tae-be a present. She gaed tae the market accompanied by Lady Isadora and she noticed a lovely alabaster jar and she asked the dealer whit he wanted for the jar and he replied, 'For ye, I will demand a kiss on yer cheek.'

'It wid be death for you and for me, so I cannae consent and I may never tak aff mi veils.'

'Jist lift up the side o yer veils and I will kiss ye on the cheek and naebody will ever ken and the alabaster jar will be yours.'

Lady Isadora said, 'I will turn a blind eye!'

Clarissa lifted up her veils and exposed her cheek tae the trader and he had rotten yella teeth and a year's barking on his face and he wis really an ugly guffie and a toigh aff o him that wid knock doon a cuddy. Weel, he snuggled up tae her bonnie cheek and he bit intae her face and immediately her face turned hideous and she hid a deadly skin disease and the auld guffie run awa frae her and she wis in severe pain.

Whin she came back tae the palace she hid in her private chambers. Lady Isadora comforted her and her wadding wis only three weeks awa and if her face wis nae healed she wid be executed for treason that some man hid looked upon her face.

'There is a very clever young miller cawed Jack and I will gang tae see him tae see if he can help your predicament,' said Lady Isadora.

So she gaed tae see Jack, wha worked as a miller aa day but at nicht, he wid listen tae many folk's problems and he gave them wonderful advice. He didnae charge the peer folks, but if onybody donated a copper intae the pot then eence a month he distributed it amongst the poor. Lady Isadora eventually got tae see him and she telt him the story o Clarissa, the beautiful one. Jack listened very intensely tae every word that wis spoken and he asked Isadora tae describe him and she did.

'By yer description o the evil man, he looks like tae mi tae be the Auld Man o the Sea. He causes trouble for anyone wha is trying tae find happiness. Ye see, I ken whit roads he walks and I will pursue him.'

'We have only a few days before the wadding and if she is nae cured she will be executed so it is imperative that ye find him and get an antidote.'

Next morning Jack gaed oot tae seek the Auld Man o the Sea and on his travels he noticed the evil auld gadgie sitting on the roadside by a river. He asked Jack if he wid tak him on his back intae the city cos he cannae walk. Jack agreed tae gie him a collibag tae the toon. Eence he wis on Jack's back he hung on like grim death and he weighed a ton. He nipped and scratched Jack's neck and shooders and he said tae Jack, 'I am the Auld Man o the Sea and noo I hae made ye me carrier until ye drap deid!'

But Jack said, 'Weel dae I ken wha ye are and I will dispose o ye in a few seconds cos there is a freshwaater river and it is muckle deep and I will tak ye in there and ye will droon cos there's nae saut in that waater.'

Jack gaed intae the fresh waater and gaed richt deep doon for minutes. The Auld Man cannae breathe. So Jack near droont him and shoved him aff his back at the ither side o the river and he telt him he wid throw him in the deep end if he didnae tell him the antidote for the princess tae be healed.

'Weel, fu tae mak the antidote, ye hiv tae get tae the Witch o Vendor's hoose and ye will hiv tae cross the collapsing bridge. The only cure for her face, o mi sea serpent's poison, is a cream that only the Witch o Vendor kens fu tae mak. Before ye can get intae her hoose ye will hae tae cross the fragile briggie.'

'Weel, I will overcome that obstacle whin I get there.'

He made his wye tae the cane o the Witch o Vendor and there wis a deep gully wi a fragile briggie between them and the Witch o Vendor cries tae him, 'If ye are coming tae mi hoose then ye must cross the briggie and ye must carry three o mi aipples lying there. I must warn ye that ye can only cairry twa aipples at a time or the extra weight will collapse the briggie.'

Noo, Jack wis a clever lad and he worked oot the arithmetic o the situation and he realised that if he juggled them, then he wid only hae twa in his fammels at a time while een aipple wis in the air.

Jack came intae the hoose o the Witch o Vendor and she admired Jack's skill and knowledge and she made the healing cream and she gaed it tae Jack wi a caution that she must hae on the cream for twenty-four hoors for her moy tae heal. Jack gaed hame tae the miller's hoose and Lady Isadora wis waiting for him. There wis only aboot twenty-sax hoors tae the wadding so Jack telt Isadora that he wid adminster the cream tae the princess's face.

'Nae men are allowed inside the ladies' quarters.'

'Weel, I will disguise masel as a woman.' And he dressed in manashee's tuggery and he passed by the guards. He administered the cream and there wis jist twenty-four hoors left and he hoped that it wid work. The hale nicht they were aa troubled and they hardly slept.

A few minutes before the wadding she took aff her veils and washed her moy and her fizzog wis perfectly healed so whin the prince removed the veils he saw his beautiful bride and they were baith happy.

Jack gaed back to being a miller o wisdom and Lady Isadora wis aye a welcome guest at Jack's hoose and eventually they got spliced. ∼

17

THE FLAX HAIRVEST IS OVER

Whin the hairvest wis over whit a relief it wis for everybody cos it meant that the back-brakking work wis ower and we were aa waiting for mi faither tae get the lowdy for tae pay aa the fowks for their labours. Noo, that late aifternoon we gaithered in aa the woollens and rags, ferrous and non-ferrous metals, brass, pewter, copper, lead and aa ither kind o tatter. This wis pit at the roadside and a couple o big larries came oot frae Aiberdeen tae tak aa the accumulated chatry back tae the rag stores and scrap merchants wha bought it aa. Noo, the different families wid mak their ain deals wi their ain stuff but mi faither wis the designated person tae get and share oot the flax money. There wis an air o excitement prevalent everywhere and the fowks were aa happy, seeing that there wis nae mair hard graft tae dae cos the flax field hid bin gleamed and jist stubble in the field wis left. Whit a terrible aifternoon o rain; it jist wis a waaterspoot and aathing wis awash wi the deluge so there wis naething wi could dae but hae a storytelling evening inside the big tent belanging tae the McQueens. The people aa congregated in the big tent and the open story nicht wis ready tae commence.

Mi faither started tae tell his tale.

THE ENCHANTMENT

Sometimes men try sae hard looking for the perfect wife that they cannae see whit is in front o them and this is a tale o a gadgie wha wanted a lady that could sing like a laverock. Een day, sax beautiful singers came tae audition for tae be his wife but it wis like the march o the heavy moes and he wanted a slim, beautiful, singing wife so he telt his mither that he wis gan tae look in anither land for his perfect singing wife so aff he gaed adventuring on a quest. As he adventured aroon seeking his ideal wife, he passed by a high tower and he heard the maist beautiful maiden singing and that wis the voice he fell in love with and he shouted out, 'Fair damsel with the beautiful voice from the tower, can you let me see you, for I am in love with your golden voice.'

'I cannot because I am trapped in this prison by an evil knight who has me chained in a golden chain and I cannot move an inch and he keeps the large key on his person all the time. But if you could fight him and take away the key then I will be your wife forever.'

The young nobleman waited till he saw the guarder of the damsel and he saw that he wis a very powerful knight but he wis determined to free her from her prison and make her his wife. He gaed out to the woods nearby and he saw an auld culloch carying a heavy cogie o timmer and he offered tae cairry it for her.

The auld culloch wis a hen wife and she hid the gift o the fay. 'Weel, laddie, cos o yer kindness I will help ye in yer task that ye hae tae dae. I will gie ye a magnetic sword and whin ye see the evil knight, then jist twist yer sword and his will twist oot o his hand and I will gie ye a little knife and it will cut the chain aff o the key. Then ye must push intae the moat so ye will be able tae rin up the stairs tae release yer fair maiden that sings intae yon tower.'

Aff the young lad gaed, armed wi the knife and magnetic sword. He challenged the evil knight and he swiped his sword aff his hand and then he cut the chain and he got the key free and he pushed the knight intae the moat and he run up the stair tae the tap o the tower. He unlocked the jigger and he heard her voice shouting, 'I am free at last, my darling, you have saved me.'

Whin he opened the door there wis a golden glow aff o the room and a shan toich o jeer that wid knock doon a cuddy wafted oot o the room, and there, singing, wis a big, enchanted, smelly turd. The young lad ran for his life and he jumped upon his steed, but the singing, enchanted turd ran even faster and it jumped upon the horse's back and completely engulfed the young nobleman with putrid turd. And she said, 'My darling, I will be with you all of your life!' ~

'Weel, if ye look for a perfect wife, then aye look firstly amongst yer ain hantel, cos I got a wife wha wis a second cousin o mi ain and she is perfect.'

Drifter wis a man wha drifted frae place tae place but I thocht perhaps he wis mair o a shoelar or a buck o some kind, but he could mang the Cant.

'If Wullie could tell ye a tale o a perfect woman then I will tell ye a tale aboot a man wha thocht he wis the perfect specimen.'

THE GREAT SCHOLAR

Awa back in the days whin the green wids covered the Scottish Hielands, there lived a young knight cawed Sir Francis and he wis a bonnie, bonnie fella and he hid dark curly locks and he wis a pure Adonis. The gadgie hid everything gan for him cos he wis very wealthy and he hid lands and positions and he was schooled in Greek philosophy and he could mang fluently in French and Latin. His biggest problem wis that a certain pairt o his anatomy he couldnae control and he aye boasted and bragged o his conquests wi the dillies and he shamed the lassies wha wis left wi their reputations in tatters.

Then it sae happened that a world-reknowned philosopher wis coming tae the Hielands tae open up a College o Philosophy and this young man adored this German philosopher and he hoped tae enrol as a student and study under him. A date wis fixed at the tavern, a nicht for prospective students tae attend, and the great philosopher said that even poor lads could apply for tae get intae the college as a student. The place wis packed tae the gunnels and he sat at a seat and he cawed oot their names.

The first lad that came wis a poor fairm loon and the philosopher asked whit he could offer tae the college and the loon replied, 'Weel, I can sleep through a bad, stormy nicht.'

So the philosopher said, 'Weel done, laddie, I will tak ye as a student on mi course and I ken ye are poor but ye can work in the kitchens o the college tae pay yer wye.'

Sir Francis thought whit a complete balmstick tae enrol intae a college.

The second lad looked as if he wisnae playing wi a full deck o cairds and he said tae the philosopher that he didnae expect tae reap whar he didnae sow. 'Weel done, laddie, ye also can work at the college tae pay yer fees.'

Sir Francis thocht tae himself, 'I think this is an asylum for a dose o pannies. Up tae noo it is aa generals o the highest echelon that seems tae be getting in.'

Then a dose o richer lads enrolled and they were also accepted, but whin Sir Francis came tae the table, the philosopher asked him what he could offer. Sir Francis said, 'I am scholared in classical Greek and I speak French and Latin fluently and I can be a great asset tae yer college and help ye teach yer classes.'

The philosopher shook his heid and said, categorically, no.

Sir Francis wis horrified and asked the reason why he wis rejected tae enrol as a student and the man replied, 'You cannae control that pairt o yer manhood so I cannae except ye here.'

'Weel, ye teen in two Tipperary corrachs that were mair in need o being in a bedlam! Een o them said that he can sleep whin the stormy winds blaw.'

'That's cos whin the big storms come, the laddie has already done aathing, he his put the sheep in the fold and aa the kye are in the byre, the horses are in the stable and everything is tied doon and so are the gates and so are the stocks and that means he can sleep easy and sae can his maister. And the tither lad said he disnae expect tae reap whar he hisnae sowed, therefore, he kens he is tuppence o the shilling and he his limitations on his capabilities. But they lads, under my tutelage, will get on like bandits.'

'Is there nae redemption for me tae get a chance tae prove masel?'

'Weel, if ye bide a day and a year up at the monastery in the far north and ye can live as a monk and obey the rules and according tae the report frae the Abbot, then ye will get tae enrol. On yer wye there ye will meet three ither lads wi similar problems as yersel and ye can speak tae them aboot yer problem.

Sir Francis accepted and he traivelled on his journey tae the monastery and he met a lad in a barrel o sea waater and he asked him why he wis daeing that, tae which he wis informed that the great philosopher telt him tae bide three hoors a day for a month intae the barrel o sea waater and it will cure his problem. Sir Francis thought, 'They only hae tae dae a month's trial but I hae tae bide a year and a day in a monastery.'

Then he met the second lad in a cauld river and again he telt Sir Francis that he wis tae bide there for twa hoors every day for a month and then he will be accepted intae the college. Sir Francis wis hopping mad, cos he hid got sic a lang time tae serve. 'They lads hae got it easy!'

Then he met the third lad and he wis swinging frae a tree on a rope and he telt him that he hid tae swing for a couple o hoors every day tae cure him o his problem and Sir Francis thought that his problem wis much worse than they lads.

At lang last he met the Abbot o the monastery and he wis welcomed in. 'Noo, the life in the cloisters is nae easy, for ye will hae tae rise at the crack o dawn and work hard and pray and fast and live the laws o chastity and charity and complete obedience and keep the grand silence for hoors at a time.'

The laddie thocht tae himself, 'Oh mi heid, this is gan tae be awfie.'

'As ye are nae gan tae be a richt monk, we winnae cut yer hair intae a tensure cos ye are a guid-deeking lad, so wi winnae tak awa yer bonnie locks.'

Weel, the laddie worked very hard and he complied wi the rules and there were nae lassies there so there wis nae temptation for him, yet he got on weel wi the ither monks and he became aabody's favourite lad. At the end o the year and a day he got a glowing report frae the Abbot tae gie the philosopher and he bade his freens fareweel and he came hame tae the tavern tae gie his report.

He wis fair excited tae tell everybody o his great progress, 'Weel, ye see, I never pit a fit wrang at the monastery and I lived the law o chastity and charity, obedience and aa the rules o the monastery!' And he gaed a lang spiel aboot himself and he wis quite braggie aboot it.

The philosopher gaed him a slow handclap o disapproval and said tae him, 'Weel, Sir Francis, ye learned naething cos ye are still the same.'

'Oh no, I have lived the life o a saint as ye telt mi tae dae!'

'I didnae pit ye up there for tae live the law o chastity but tae learn aboot the grand silence. Ye see, it wisnae yer pairt o yer manhood that wis yer problem, cos aa lads hae urges and I didnae hud that against ye but it wis yer boasting aboot yer conquests and shaming the lassies up in public. It wis yer tongue that got ye intae trouble wi me and I wanted ye tae control yer tongue. Ye are still a boaster aboot yer achievements but if ye hae learned the better lesson o the monastery then I will accept ye intae the college tae be an assistant tae mi wi yer great knowledge and teach Greek philosophy and keep things a secret whit gangs on amongst the students.'

Sir Francis agreed tae dae that. ~

Drifter finished aff by stating, 'Weel, laddies, yer tongue will get ye intae far mair trouble than yer carrie waggle.'

The rain precipitated mercilessly doon upon the big tent and sometimes the noise wis sae loud upon the canvas that the acting storyteller hid tae shout at times, cos if he didnae gulder then ye widnae hae heard onything.

Dorian wis aboot forty, but he looked twenty. We aa cawed him Dorian cos he wis like Dorian Gray, the man that never aged. He said, 'I will tell ye a supernatural story o a guid man wha dabbled intae things that he should nae hae bothered wi.'

THE SKULL

Lang, lang ago, nae in my lifetime nor mi grandfather's lifetime, but it must hae bin in somebody's lifetime, there lived a minister frae the Church o Scotland and he wis pit in charge o an auld church community.

He wis a lad that dabbled intae the Black Airt and ither things o the darker side and he being a minister o God should have hid mair gumption tae dabble intae the Black Airts. Curiosity aye got the better o him but his motto wis: 'Curiosity killed the cat but satisfaction brought it back.'

Aye day he wis looking roon his churchyaird cemetery and he wandered intae an open vault and he spied a skull lying in the middle o the sepulchre and, being curious, he picked up the skull.

He said tae it, 'Whit kind o a man were ye in life? Ye hae an awfy guid set o teeth upon ye.'

Tae his amazement the skull spoke back tae him in a clear, loud voice like a minister or an advocate and the twa hid a very educational chat together in the cemetery o his kirk.

The minister wis sae teen wi the skull that he invited him for his supper that nicht at seven o'clock tae learn mair frae the skull, and the skull accepted the invitation. That evening his hoosekeeper prepared a lovely supper and jist before she gaed awa at seeven he asked her if there wis onybody walking taewards his manse and she telt him that she saw naebody but that there wis a thing like a big neep coming taewards his front jigger.

He opened the door and in came the skull and he picked it up and he put it upon a high chair at the bottom o the table and the food wis aa prepared and he blessed the habin and telt the skull tae tuck in.

'Weel,' says the skull, 'I dinnae hae the stamach tae eat onything but I do enjoy yer line o talk and I will tell ye onything ye ask while I am in yer world, but I hiv tae leave by ten o'clock at night or I will get trapped in between worlds.'

The pair spoke and parolied for ages and the minister wis asking aa kinds o questions aboot the afterlife and the skull telt him a lot o things especially aboot the Black Airt.

'Weel, I have tae be makking tracks hame cos it is aye a tempestuous journey back tae mi ain realm. Wid ye like tae come and hae supper wi me the morran's nicht?'

The minister wis delighted tae accept the invitation. 'How dae I get tae yer world?' he asked the skull.

'Jist tak yer pownie intae the vault and ye will find a road richt through aa the wye tae mi world. Whit ye see on the journey ye may observe, but dinnae ask ony questions frae me aboot it cos we are nae allowed tae tell ye and ye must leave whin yer time is up or be stuck in between worlds.'

The skull taks its leave and vanished.

Next nicht the minister mounted his grye and gaed tae the vault and he wis immediately on a lang, silver kind o a road on top o his horse. Alang the road, the horse slowed doon and he noticed a garroosk o gadgies working in a quarry and they were shovelling gravel and sand and the mair they shovelled it the mair it replenished so it wis a never-ending chore o hard work. He took the scene intae himself and he went on the rest o his journey and again he saw a queer sicht cos there wis a young lassie whipping and beating an auld culloch and again he noticed the scene and he continued upon his strange journey o exploration o the unknown. A wee while langer, he saw anither young lassie hitting an auld woman and there were mice and luchies coming oot o her mooth and he felt a bit squeamish wi that sicht. Eventually he arrived at a big mansion hoose and the skull welcomed him in and there wis a table wi the finest variety o habin an plenty o decanters o choice wine. They exchanged pleasantries and later delved intae his favourite subject o the witchcraft and that wis a bad thing for a minister tae dae.

They manged and manged until the skull reminded him upon his time and that he needed tae gang back tae his ain kirk richt awa.

'Jist before I go awa, can ye tell mi the meaning o the sichts that I saa along mi journey here?'

'Ye are noo delving too deep and ye should really be leaving back tae yer ain realms,' said the skull.

'Mi mind is too involved noo so I need answers tae me thochts.'

'Weel, the first thing ye saa were the men working in the quarry and in life they were awfie greedy, grippy men like Hunger's grandfaither and they never kept the Sabbath day as a day o rest, so now they work for aa eternity. The auld culloch wha wis getting battered by the young dilly wis an evil auld swine and she worked that peer lassie tae death and she completely bad used her and noo the lassie gets her revenge on the wicked auld cravat. The last thing ye saa wis the auld woman getting beat up by a young Traiveller lassie wha asked her for some yerim tae gie her wee bairnie and that auld woman gaed her milk oot o a pail wi a deid luchie in it and baith the lassie and her wee kenchin died o Well's disease or the rat jaundice. Now she extracts her revenge on that wicked auld woman every day here. Yer time is over the limit and ye are in mortal danger. Ye will hae a stormy crossing back hame and ye will experience things that will be completely new tae ye and ye must tak this little mat tae place yer feet upon because ye cannae dare touch the grun without daeing that or ye will be in grave trouble!'

The minister mounted his pownie and he took the wee mat for tae pit his feet upon whin he dismounted and whin he arrived back at his church it is an auld, broken, disused kirk and it is in disrepair and dilapidated. He spied a woman nearby and he asked her aboot the kirk.

'Oh!' she said. 'That kirk hasnae bin used for over a century.' And as she wis speaking, great huge flying things were screaming over his heid in the sky and hundreds o moving bright lights were roaring aa aboot him.

'Whit aboot the young minister?' he asked her.

'Weel, he vanished oot o sicht cos he dabbled intae the black airts.'

The minister got awfie annoyed and he came aff o his grye and he forgot aboot the wee mat and his legs buckled under him and he disappeared intae the open vault and there wis naething left but a big skull wi a set o really guid teeth. ∽

'Ye see, he dabbled too deeply and as a minister he should hae avoided that pastime like the plague. So I hope ye enjoyed that supernatural tale o ancientness.'

The rain still never devalved and it jist poored frae the heavens and if it wis a working day then ye couldnae work at the flax during a torrent but oddly enough aa the days we did work wis fine warm days. Lizzie gave us a tea and she had a stove in her tent so aifter the break wi aa sat doon tae listen tae Jeannie wha firstly sang us a wee sang aboot a strange wee dwarf cawed Tammie Toddles.

O Tammie Toddles, he's a canty cheil, sae canty and sae cousie,
The fairies liked him unca weel and built him a wee hoosie.
And whin the hoosie it wis deen, aa finished but the door,
A fairy man came tripping in and danced upon the floor.
He louped up an louped doon, he frisked and he flung,
Till peer wee Tammie Toddles wis mal maist among the thrang.
O Tammie Toddles he's a canty cheil, sae canty and sae cousie,
The fairies liked him unca weel and built him a wee hoosie.

Jeannie said, 'It's a sin that some peer craturs are born wi raw deals but some o that fowks dae weel for themselves and I will tell ye the story o . . .'

THE TWA HUMPIES

Eence, many, many years ago there lived twa brithers and Nesmore Nature played a rotten trick on them cos they baith hid a hump upon their backs like Benachie. Noo, een brither, cawed John, wis deen awfie weel for himself and he hid a wee shoppie, a nice wife and bairnies three, and he wis a gey frugal gadgie whin it came tae lowdy. On the ither hand his brither Jack wis a complete drunken oaf and he drunk a his coppers and he never hid a bean tae bless himself.

Een nicht, coming hame frae the pub bleezing wi peeve,

163

he passed by a fairy circle and at midnight the fairies were aa dancing roon the circle and they were singing a strange sang and the words wint:

'Monday, Tuesday, Wednesday, Monday, Tuesday, Wednesday,' and they kept repeating the three days.

Jack, being a queer, orra-looking body, he jined in wi them and the fairies jist thocht that he was een o them and he started tae sing, 'Thursday, Friday, Saturday, Thursday, Friday, Saturday.'

Aa the wee fairies stopped and they said, 'Ye are nae een o us!'

So they opened up a trapdoor and teen humpback Jack doon a heap o stairs and teen him tae a room in the bowels o the earth tae meet auld Cloven Hoddie.

The Deil says tae him, 'Whit are ye daeing here?' and the wee fairies said that he wis spoiling their sang and he sang the sang tae the Deil and he said tae them that that wis the real words o the sang so aa the fairy fowk started tae sing the sang as Jack sang it and they were aa happy.

'Weel, Jack, ye hae deen something guid and I dinnae like lads that dae guid things, so I will hae tae gie ye a punishment.'

'Weel, Hoddie, whitever ye dae, dinnae tak awa mi hump cos I am like a camel and I store mi drink in mi hump and if ever I dinnae hae the lure tae buy masel drink then I can jist cough up some o mi stored peeve!'

'Weel, that will be yer punishment!' And the Deil took awa his hump frae him and kept it in hell.

Eence Jack got back hame he wis feeling an awfie lot taller and he wis actually a guid-deeking gadgie. He stopped peeving and he became a successful man in the community.

His brither, John, seen him een day and speared tae Jack

fu he lost his hump and Jack telt him aboot the fairy circle at midnight and how he finished aff their sang for them and the Deil gave him a reward o taking awa his big hump.

So John tried the same thing and he gaed tae the fairy circle at midnight and he jines in the fairies sang and they were aa singing, 'Monday, Tuesday, Wednesday, Thursday, Friday, Saturday.'

John jines in wi, 'Sunday!' and the wee fairies aa cringe and they tak him doon tae meet Cloven Hoddie in hell. The Deil asked him whit he wis daeing doon there and the fairies telt him he sang an extra day ontae their sang. John sang 'Sunday!' and the Deil cringed and he said, 'Oh, ye hae deen a bad thing cos that day belongs tae them upstairs and because ye did a bad thing then I will hae tae reward ye cos I like bad lads. Noo, whit wid ye like as a reward?'

'I want rid o mi hump and I want twice as much as I hid before!'

The Deil agreed and placed his hands on the hump and plunked it doon beside the ither een. The Deil said tae him, 'Whin ye gang hame, ye will hae twice as much as ye ever hid before!'

John gaed hame and he hid twa hooses, twa wives and sax bairnies and twa shops, then jist as he gaed tae sit doon he hears, CLUNK, CLUNK, and he hid twa humps on his back. And the moral o this story is: 'Twa humps are better than neen', and that is the end o mi story. ∾

Noo, the nicht wis wearing on and I think the McQueens could see us aa in hell, cos they were getting fed up wi this boorichy o fowks and they couldnae get tae their kips until the storytellers were deen. They fowks hid beds and stoves and aa conveniences in their big tent. The last storyteller o the evening wis Goldie, a young fella wi very yella curly hair and he jist adored gold. He sported twa sovereign rings and a gold chain roon his neck and twa gold watches, een wi a chain and a wristwatch aa made o gold and his motto wis: 'Gold is where you find it!'

He started tae tell us, 'It is a guid metal tae keep cos it disnae tarnish or loss its value. If ye trade intae a market then the authorities can chuck ye aff, but if ye wear twa gold sovereigns ye hae collateral and ye can bide aa day cos that is yer licence tae trade. Ye see, I hae a hawker's five-pound licence and it is signed by a justice o peace to validate it and I can trade in gold and silver and jewellery but a pedlar's five-shilling licence only gies ye permission tae gang tae fowks' jiggers. A gold aura is the highest form o karma and the best yin as weel. The gold his a lot o healing properties: if ye hae the pig's yak then ye rub yer ee wi a gold ring and it will cure it; the doctor will gie ye gold ointment; and tubercular lesions can be shrunk by a gold dust prairie oyster consisting o raw eggs and a sprinkle o gold dust. Noo for the tale.'

THE GIRL IN THE GOLDEN MASK

Many years ago, Auld Nick used tae gang aboot the earth looking for young lassies tae tak wi him tae be his servants tae hell. There wis a bonnie quinie cawed Janety and she wis a foundling and she wis brought up by an auld evil couple wha used her as a skivvie. Auld Scratch seen her een day and he visited her parents and he asked tae buy her body and soul and he wid gie them plenty o lowdy and they could become the Lord and Lady o the Shire. He made them sign their marks on a contract and he jabbed the auld man's airm and he signed his mark in bleed. So the Devil said he wid come back for Janety at nicht and they telt her she wis lent oot tae anither employer and whin Auld Scratch came in, Janety kent wha he wis and she wis very trash tae gang wi him. He screamed at her tae tell her tae hurry up. He gripped her by the airm and he dragged her alang the road until she came tae a fairy circle and Janety managed tae brak free and she called upon the guid fairies o the circle tae protect her frae the Deil and mak a barrier between her and the beast.

'Noo I am safe until dawn and ye cannae touch mi and aifter the cock craws I will gang tae find a place o mi ain,' she said.

But the Devil tells her, 'If ye dinnae come oot I will disfigure yer face and nae man will look at ye.'

At the dawn she wis free tae leave and Janety washed her moy intae a pond and she deeked her reflection and her face wis hideous. Janety roared and started tae munt at the loss o her beauty and she wandered intae a big wid until she came tae a big auld woman wha wis gaithering herbs and the auld culloch asked her whit wis her problem and why she wis munting sae sorrowfully and she telt her that the Devil disfigured her face and nae man wid look at her again.

'Dinnae be daft, lassie. I will tak ye hame wi me and I am a white witch and mi name is Auld Mither Kirsty. I live by masel and I will nurse ye and attend tae ye and get ye better again.'

Auld Mither Kirsty made her face up wi a clay poultice and she teen a mould o her moy and she then fired it in a kiln and she painted it wi enamel and it wis lovely and it made Janety like a china doll. It gave her the look o if she wis awfie bonnie and Janety wis happy again biding at Auld Mither Kirsty's.

Een day she wis asked tae gang oot tae the wee lummock and tak her back some white honey raspberries cos she wis gan tae mak jam wi them and she telt Janety whar tae fin them. While Janety was gaithering berries, the young Prince Jack wis gan aboot the country and he came across Janety and she looked like a china doll and he asked her why she wis wearing a china mask and she telt him cos her mither telt her tae wear it. She took Prince Jack tae meet her new mither and he wis made welcome and given a fine bitie o habin tae taste his mooth. He telt the auld woman he wid like tae mairry Janety and mak her his wife and princess cos he wis deeply in love wi her. She agreed that she should gang wi him stracht awye tae the palace but he must nae ask her tae tak aff her mask but he should get a replica made o the beaten gold. She must wear the golden mask until a year and a day and then Mither Kirsty wid come tae the palace tae nurse her. Janety gaed awa tae the palace and three months later she got spliced tae the Prince Jack. She never ever took aff her mask o gold cos she needed aa the healing power o the mask.

A little later, Janety wis expecting a baby and Prince Jack wis overjoyed at the prospect o being a faither and Auld Mither Kirsty returned tae the palace tae tend tae Janety.

During their happy time, Cloven Hoddie came tae the palace and tried tae reclaim Janety, but Mither Kirsty telt the Deil that he hid nae claim ower Janety, but he took oot his contract signed in bleed and Mither Kirsty telt him his contract signed in bleed wis null and void cos Janety wis no their dochter but a foundling and nae a drap o bleed tae the auld couple wha swicked and double swicked and conned the Devil. The Devil got very sad and angry cos he hid bin done. He vowed revenge on the auld couple at some time in the future. Yet the Devil wis still nae pleased and he said, 'But the lily in the bud will see, be here, and I will claim the bairnie.'

'Oh no!' cawed Jack. 'That bairnie is my flesh and bleed and and ye winnae get mi bairn frae mi without a fecht, but surely there must be a clause that ye cannae tak mi bairn?'

'Weel, there is three conundrums I can ask ye tae answer and I will spare yer bairnie. Firstly, whit is whiter than white? Secondly, whit is reider than reid? Thirdly, whit is blacker than black? Noo, if ye can find the answer before the bairnie's born, I will spare the bairnie.'

Jack immediately gaed on his adventure tae find the answers tae the conundrums.

He gaed tae a town and the people were guid-living people and he met a young postulant nun and she wis dressed in her robes and immaculate habit. Jack telt her she looked so radiant in her habit and he asked her why she became a nun, cos she looked whiter than white and she said, 'No! Truth is whiter than white and that's whit I am striving for.'

Later on he gaed for a meal at the local hostelry and it wis a large spacious room at the bar part, but the rooms were upstairs and there wis a quadrangle lobby upstairs where the rooms were. The people downstairs could see the people going to their rooms and they could see those eating and drinking downstairs. Jack wis sitting with the landlord's wife and she was a bold, impudent, roch hizzie and her man wis a bit o a womaniser and he aye chased aifter young dillies and he wis upstairs intae a room fair thinking he wis in wi a chance wi a young dilly. He wint intae the room and he teen aff his strides but the lassie wis a decent girl and she ran oot o the room screaming and he ran oot the room aifter her but he wis in his reid lang-john drawers and he forgot whar he wis but aa the fowks seen him and wint intae kinks o laughter. His wife screamed oot o her, 'Whit the bloody hell dae ye think ye are daeing?' The man's face turned reid, scarlet and crimson, and then Jack found oot whit wis reider than reid and it wis shame and embarrassment.

The next morning Jack hid a wee walk roon the cemetery and he saw a young widow coming oot adorned in the deepest black and Jack said tae her, 'Death is blacker than black!'

The widow replied, 'But my husband wis a guid-living man and will not be cut off from the presence of God. Being cut off from God, which is spiritual death, that is blacker than black!'

Noo, Jack made his wye back tae the palace and Auld Mither Kirsty wis there looking aifter Janety and Cloven Hoddie appeared and he asked the three conundrums and Jack answered the conundrums. Weel, the Devil wis angry and before he left he said that he wid mak a mark on the bairn's face and he wid be an ugly crature, but Mither Kirsty telt him that she wid be the bairn's nourice and she'll protect the child. The Devil gaed awa in a stump, never tae be seen again.

A year and a day hid passed since Janety hid been cursed. Auld Mither Kirsty teen aff the golden mask, and the healing powers of the gold hid restored the lassie's beauty and she hid nae after-effects of the curse.

The bairn wis born and it wis a wee boy but all that wis wrong with him is that he wis cockle eye dee. But Mither Kirsty said that this wis no problem for her white magic. She put a patch over one yak and put herbal draps intae the tither yin and each day she changed the eye patch tae the other side and within a month the bairn wis perfect and bonnie. Prince Jack and Janety were very happy and Auld Mither Kirsty bade in the palace tae look aifter her charges.

And the wisdom of the story is, weel, gold is where you find it! ∾

Aa the fowks made their wye back tae their camps and Leigh Samuel, wha wis camped aboot a mile awa, asked mi if he could crash doon in mi bough camp cos he wis a mile doon the road and it wis coming doon in powdery smooricks and that maks ye siping weet so I said it wis aaricht. Mi wee brither wis sleeping already and then that awfie wee Danny Gabanya came in as weel cos it wis far too weet tae sleep under the float cos it wis aa awash. He wis very tired wi working in the flax but he wis a useless bachel and he farted like an auld cuddie aa nicht and Leigh wis in his line o fire and Danny kept saying, 'Let yer wind blaw free wherever ye may be. Or better wi an empty hoose than a bad tenant and sorry, lads, but I tak nae prisoners!' And he routed non stop aa nicht. The bough tent wis yodling and boufing wi the smell o sulphuric and methane and natural marsh gas caused wi the damp weather and if ye lit a match the camp wid hae exploded and wi wid aa end up back in Dess again.

In the morning, Leigh arose tae get a breath o fresh air and sae did I and I asked Leigh if he wid tak a pairt in the kenchins' ceilidh tae be gan on that nicht and if he wid sing a sang at the first pairt and then play the pairt o Beets in the play aboot the Burkers we bairns were pitting on at nicht. I telt him it didnae hae muckle lines but he hid tae ride a horse bare backed and ride it back near the end and batter and kick the Burkers at the end o the play. Noo, wi asked Diddling Di tae be the tall Burker but nae tae kick him wi the tackety beets cos he hid a short fuse and he wid stiffen ye whar ye stand but we were asking wee Danny Gabanya tae be the short Burker.

'Noo, please Leigh, kick his airse sae hard and as many times that ye can cos he is a skiver.'

Leigh said, 'I hae booted his airse several times for his

constant mooching, begging and spraching aff mi cos I am an independent teenager and I deek aifter masel and he is a hairy-airsed man and he cannae dae naething for himself and I will get mi revenge for aa that farting last night. I think he really wis eaten by a vampire and the smell coming aff him last night that I think a snake died up his jeer. Weel, I hope he enjoys his kicks up the airse as much as I will get administering the order o the beet.'

18

THE KENCHINS' CEILIDH

This wis weer last nicht at the Bandeleys at Alford and there wis a strong air o excitement prevalent everywhere cos firstly mi faither wis getting aboot five hundred rege tae pay aa the fowks for the share in the flax hairvest. The kenchins were extra excited cos wi were pitting on a special ceilidh for tae entertain the adults and we were aa practising oor pairty pieces and oor lines for the play we were gan tae stage that nicht. The bairns hid their musical instruments and een lad wis gan tae play his chanter and a young lassie wis gan tae scrape her fiddle and we hid a moothie, Jew's harp and paper and combs. The twins were gang tae sing 'Hunting Tower' as a duet for a boy and girl and I wis gan tae sing 'The Overgate' – much tae the delight o mi Auntie Jeannie. Leigh wis gan tae sing a foreign sang and then wi wid sing a chorus sang as weel and we were aa preparing like mad and we didnae let onybody hear us practising nor tell them aboot oor surprise play.

Mi faither bought some screw tops and a couple o bottles o port for the adults and he bought smackery for tae gae the bairnies aifter the ceilidh and drama wis ower. And it was gan tae be a surprise for the kenchins. We prepared a stage area and we cleared a bittie by for the first part o the concert on the road, which hid the road whar we were gan tae perform and the spectators could sit doon on the twa raised embankments o the road on either side and it wis like an amphitheatre. Weel, we practised and practised aathing nae tae mak an airse o weersels and wi wanted tae mak oor parents sae prood o us bairns.

At aboot seven that nicht they congregated on the twa embankments so aabody wid get a guid seat and seen it wis time tae begin the roadside open-air Traiveller-kenchins' ceilidh. Een o the kenchins gaed a wee speil tae open up the proceedings and then it started wi Johnnie playing a tune on his chanter and wi aa jined in makking noises so it sounded like a musical band and then Carol sang 'The Toad' and I sang 'The Overgate'. Jessie scraped her fiddle in a strange Scottish tune while Leigh Samuel sang an unknown foreign sang cawed 'Bela Chow' and he wis very guid and he got aabody tae jine in singing the chorus and then he sang an unusual yodling kind o bit and everybody liked that sang. The Jew's harp wis played and aa the bairns sang a verse o 'Come aa ye Tramps and Hawkers' Lads', much tae the pleasure o the adults.

Wee Toodles, he took centre stage by telling the supernatural story of . . .

THE UNWELCOME VISITOR

It fell upon a Halloween evening and an auld woman sat her leaf alane in her wee isolated cane and she wis very lonely and she hoped that someone wid come and visit her on sic a creepy nicht in Scotland whin the witches and warlocks were gan abroad. Aa that she wanted wis some guid company. And the wind blew doon her lum moaning like a banshee, 'Oh, oooo, oh! Oh, oooo, oh!'

Mi nesmore telt mi lang ago whin I wis a little lad that whin the wind cawed, 'Oh, oooo, oh!' then somebody hid bin bad. The auld woman wis very trash by her lane and she prayed for some guid company.

The door burst open wide and in entered a pair o big, smelly, hairy feet like that o a beast and they were the shannest tramplers she hid ever seen and they came richt up tae the auld culloch and stand richt in front o her and the auld woman let oot a shriek.

Then the wind blew doon the lum again, 'Oh, oooo, oh! Oh, oooo, oh!'

The jigger burst open and in there ventures a pair o big, hairy legs and they came in front o the auld woman and then the legs louped upon the twa big, hairy feet and the auld woman let oot anither shriek o fear.

Again the wind blew doon the lum, 'Oh, oooo, oh! Oh, oooo, oh!'

The door burst open and in there comes a great big, fat, cobbly, wobbly belly and it louped upon the twa big legs upon the twa big, smelly, hairy feet.

The wind blew doon the lum wi an eerie howl, 'Oh, oooo, oh! Oh, oooo, oh!'

The door opens and in there came twa big, muckle, hairy airms and fair flung themsells upon the cobbly, wobbly belly on the twa big legs upon the twa muckle hairy feet. The auld woman let oot a fearsome yowl.

The auld culloch wis scared oot o her wits whin the wind blew doon the lum again, 'Oh, oooo, oh! Oh, oooo, oh!'

The door opened and in there came twa big, muckle, hairy hands and the woman screamed in terror and she deeked at this horrible, demonic creature in front o her and she said tae it, 'Big, muckle bogeyman withoot a heid, why hae ye got sic big hairy feet?'

It replied, 'Wi daeing a lot o walkin, wi daeing a lot o walkin!'

The wind blew doon the lum again, 'Oh, oooo, oh! Oh, oooo, oh!'

Then she asked it, 'Big bogeyman withoot a heid, why hae ye got sic big, strange legs?'

'Wi daein a lot o rinning, wi daein a lot o rinning!'

The wind blew doon the lum, 'Oh, oooo, oh! Oh, oooo, oh!'

'Oh, big muckle bogeyman withoot a heid, why hae ye got sic a big, cobbly, wobbly belly upon ye?'

'Wi eating a lot o chips and tatties, wi eating a lot o chips and tatties!'

The wind blew doon her lum, 'Oh, oooo, oh! Oh, oooo, oh!' ∼

(I often wonder how it is able tae speak wi haeing nae heid but some Travellers believed it spoke through its airse.)

∼ 'Oh, big muckle bogeyman withoot a heid, why hae ye got sic big strang airms?'

'Wi cairryin bags o coal, wi cairryin bags o coal!' And as it said coal, it howled like a werewolf.

Then the wind blew doon the lum, 'Oh, oooo, oh! Oh, oooo, oh!'

'Oh, big muckle bogeyman withoot a heid, how dae ye hae sic big hairy hands?'

'Wi sayin my prayers and playing the piano!'

The wind blew doon the lum.

Then the auld woman looked at this creature and she said,

'Big bogeyman withoot a heid, why hae ye come tae visit and scare a peer, auld lonely woman, biding her leaf alane, whin aa I wanted wis a wee bittie guid company on sic an evil eerie nicht?'

The wind blew doon her lum, 'Oh, oooo, oh! Oh, oooo, oh!'

Then the evil bogeyman withoot a heid turned himself roon aboot a couple o times in front o the auld woman and shouted, 'Oh, oooo, oh! Oh, oooo, oh! I HAE COME TAE GET YE!'

And he teen the auld culloch awa on that evil, lonely, eerie Halloween's nicht. ∿

Wee Toodles got a guid clap and aabody thought it wis an awfie guid tale for a wee laddie tae tell.

The scene wis then changed and we brought in the props. Wi hid a horse and grye wi a black camp upon it tae represent the Burkers' wagon and some o the adults teen steens for the bairns tae sit untae. Wi commandeered anither lone pownie and wi made bits o scrubbers, pegs and bits and bobs alang wi a big basket o stock and a couple o deid rabbits as if we were cooking habin at the glimmer and wi hid the jockey stick and sway and a thundering pot on the fire wi water biling at the glimmer. We were aa ready for tae begin and mi sister Janet wis gan tae be the narrator cos she hid a clear distinctive voice and she wis very audible tae the audience. Leigh played the pairt o Beets Gowan, the nescal, and Carol played Nesmore Gowan. I played Ross Gowan and every kenchin hid a pairt and even the wee country lassie frae the fairm hid a bittie tae play. Thus began the drama for the evening and it wis cawed The Burkers, aboot the body snatchers or resurrectionists, and it wis very popular in Traiveller culture and lore.

Janet stepped up and started the narrative of the play.

THE BURKERS

The Burkers is a play set in the year 1829 when the Burkers, also known as body snatchers, were commonplace. A family of North-east Travellers are encamped outside Edinburgh at the Seven Mile Burn beneath the Pentland Hills. The family are called Gowan and the play opens up with the family going about their business. The characters of the play are:

Nesmore Gowan, she is the mother of the family
Beets Gowans, he is the father and is called Beets because he always wears strong, tackity boots. To him they are weapons of defence
Fiona Gowan, a fifteen-year-old daughter
Ross Gowan, a fourteen-year-old son
Cameron Gowan, a ten-year-old son
Alan Gowan, an eight-year-old son
Pearl Graham, the farmer's daughter
Mr Graham, the farmer
The Tall Burker
The Short Burker

At the camp by the side of the Seven Mile Burn, the camp is all set up and a rabbit stew is cooking on the open fire and Nesmore is giving all the children their instructions. The boys are making pegs and scrubbers for to sell while the girls are filling little bags for making scented squares. Pearl, the farmer's daughter, is enjoying being in their company and learning an old trade used by the Travelling people.

NESMORE   Now, laddies, see that ye dae at least twa dizen
o the pegs and maybe three scrubbers for mi coming

back. Wi dinnae hae muckle left and wi need them for whin wi gan roon the hoosies the morra.

FIONA   Whar are ye gan onywye, Nesmore?

NESMORE   I am gan awa tae the ither fairmie aboot a mile up the hill cos the woman o the fairmie wants mi tae read her fortune. I micht get some fine things frae her cos a few yarrow, yerim and a bit o caishie winnae gang amiss.

CAMERON   Whar's mi faither awa tae cos I hinnae seen him aa nicht?

ROSS   Mi faither's awa pearl-fishing aboot three mile awa cos I saa him takin a stick and a glass jar. Wi aa ken whit that's for.

ALAN   I wish I hid a kent cos I wid hae wint wi him.

FIONA   Ye are far too wee tae gang awa pearl-fishing wi faither.

ALAN   I am nae ower wee and I hae bin oot wi faither before and wi got a wee salmon-pink pearl.

PEARL   Ye must hae a great fun daeing aa that interesting things. Aa I ever get tae see is coos and sheep and pigs.

FIONA   We are at least showing ye, Pearl, how tae mak perfume bags tae sell roon the hoosies. Onywye, ye will never hae tae dae onything like that cos yer faither is a wealthy fairmer.

PEARL   But it is sic fun being wi ye folks and I fair look forward tae ye folks coming here in the simmer. Ma mither aye gets on tae me for using funny words that she disnae ken.

CAMERON   Aye, that's oor language. It's cawed Cant. It's a kind o secret language and only the Traivellers use it tae speak tae een anither and sometimes it is used for passing on warnings and ither things.

Nesmore picks up her pack o cairds and counts them.

NESMORE   The ace o clubs is missing frae mi pack and I
cannae read forunes withoot a hale pack. Which een o
ye bairns wis playing wi them?

CAMERON   Oh, I think that Alan hid it up his sleeve cos
he's an awfie cheat. He is aye swicking aa the time.

ALAN   No, I dinnae cheat. Actually, it's doon aside yer feet.

Nesmore picks up the caird and wipes it on her pinnie.

NESMORE   Noo, bairnies, I am awa and nae hudding back
on yer chores. I need aa they things deen afore Beets
comes hame. Dinnae on nae account touch mi rabbit
stew cos it's for weer late supper at nicht. An remember
dinnae let ony strangers near the camp. Ye hae aye be
on the lookoot for Burkers. So that's mi awa.

*Nesmore leaves the camp with the children busily engaged in their
work. As they are sittin aroon the fire, Pearl asks the question.*

PEARL   Whit on earth are Burkers? I distinctly heard yer
mither say Burkers.

FIONA   Weel, the Burkers are the body snatchers. They lift
bodies oot o graves and they sometimes kill innocent
victims. Noo, Traivellers are a guid target cos maist o
us are nae registered. Wi move aa ower the place and
by the time onybody misses us, then it's far too late. We
are mooliegrabbed.

ALAN   Doctor Knox, Doctor Knox, pits bodies in an auld
aik box, een for a penny, twa for a pound and three for
a golden sovereign.

PEARL   Whit dae they dae wi the bodies?

CAMERON   They cut them up in bitties at the colleges.

FIONA   Let's change the subject cos it pits a cauld shiver up
mi spine.

PEARL   I heard mi faither and the ither fairm workers
speaking and they were saying that there wis a hinging
in Auld Reekie and it wis a body snatcher that wis
hung. Mi faither said that his name wis Burke. He hid
a companion cawed Mr Hare and that they were baith
Irish and that Hare telt on his freen Burke. I think mi
faither cawed it King's evidence. Noo, I heard that he
got aff scot-free but een o the workers said that he got
a lug cut aff. So I think that Mr Hare micht still be
prowling roon aboot Auld Reekie.

FIONA   I am gan awa tae the ither side o the burn cos I hae
a lot o washing tae dae and there's a fine dashing steen
intae the burn ower there. Mind ye, ye bairns are awfie
morbid spikking aboot horrible things.

Fiona leaves to do washing just at the other side of the burn.

CAMERON   It's also said that they Burkers dinnae kill their
victims richt awa cos the fresher the body, the mair
bawbies they get. In truth, they gag their victims and
tie them up and tak them near tae what they sell the
bodies and then they smore them. It leaves nae marks
upon the bodies.

PEARL   Oh, that's really awfie!

ALAN   We hid a cousin, Frankie, and he telt us how he
escaped frae the Burkers. Frankie wis kept intae an
auld barn and given shelter for the nicht frae a fairmer

but they tried tae drug him wi the drugs they get frae the colleges. But he wis wise tae it. He didnae tak the folks' tea. He twigged that this folks were in league wi the Burkers. He escaped oot o the barn and hid intae a field o yellow corn, and he swore he jist missed being caught by the Burkers wi the skin o his teeth. Wi got the story stracht frae cousin Frankie himsel.

ROSS Aye, the Burkers are very sleekit in their wyes cos naebody ever hears them coming. They oil the wheels o their wagons and tie cloots roon the wheels as weel and they pit mugnies roon the hoofs of their cuddies so they are completely quiet. Their peer victims are gobbled at nicht and teen awa tae the colleges tae be experimented upon.

PEARL It's hard tae believe that there are monsters gan aboot.

CAMERON Some folks wid dae onything for money.

The boys continue making their pegs and scrubbers and Pearl keeps pitting the herbs and aromatic things intae the scented bags while Fiona on the ither side o the burn is doing her washing upon the dashing steen. Unaware to everyone, a Burker's wagon has stealthily crept up nearby and twa Burkers silently mak their way towards the encampment. A tall Burker and a short Burker are coming very close to Fiona on the other side of the burn. Fiona is unaware of their presence.

FIONA That's nearly aa mi washing deen, so I will hing them oot tae dry ower on the rope.

She picks up her washing tae hing on the rope when she spots a tall man on the other side o the burn but is unaware of the short man at her back.

FIONA   Wha are ye? Fit are ye daeing on oor camp? Ye better clear oot afore mi faither gets a hud o ye.

She notices this man has a lug missing and she remembers whit Pearl telt her. She is aboot tae shout oot loud whin the short Burker catches her frae behind and gags her mouth. Between the two of them they grab Fiona and carry her back to their wagon. Ross just happens tae look behind him and he sees what happens.

ROSS   Get up, aabody! The Burkers are here upon us! Lift steens and get weapons o some kind cos they hae got Fiona. Ye, Pearl, rin hame and get help!

Pearl runs off to get help while the ither boys get weapons. Ross charges at the Burkers with an iron poker and Cameron throws stones at them. The Burkers are strong and they start to attack the boys. Fiona is tied up in the wagon and Ross is in a tussle with the short Burker. Ross can ficht well but is being overpowered. He breaks free and runs to look for more weapons. Then, by some strange premonition, Nesmore returns and immediately fights with the Burkers. She uses her whip but she, too, is overpowered and caught, tied and gagged by the Burkers. The boys fight frantically.

TALL BURKER   It's not a bad day's work cos we have captured two fine women. We will get good money for them. Let's get the wagon away and we can let the wee sprogs free.

SHORT BURKER   Wi can get a few drams taenicht. We can smother them ootside o Edinburgh.

ALAN   Oh no, ye winnae tak mi nesmore nor Fiona. I shall stop ye!

SHORT BURKER   Whit are ye gan tae dae, wee puddock? Ha, ha, ha!

The little boy runs up to the horses. He is small compared to the horses but he is indeed a wise laddie. He whispers intae the horse's ear.

ALAN   Stallum stallum, gundi marandi!

Both Burkers laugh at the wee boy's words. They go to start up the horses, but to their astonishment, the horses don't move an inch. They use their whips but still the horses do not move. Then, galloping along the road on his auld, trusty steed, comes Beets. When he comes off his horse he makes straight for the Burkers. He is wearing his strong, tackity boots.

BEETS   I will kill ye baith steen deid whin I get a hud o ye. Ye will tak naething that belangs tae me.

The Burkers are shouting frantically at the horses but they simply will not budge. Beets drags them off the wagon and starts to give them laldy. He kicks them baith black and blue. The boys take their mither and sister off the wagon and start to help their faither. Beets kicks the living daylights out of them. They start to run away, leaving their horses and wagon. Beets still runs after them to give them a last kick. They rin for their lives.

ROSS Nesmore, what made ye come back tae the camp? We thocht that ye were awa tae the ither fairmie.

NESMORE I hid a strange premonition and a cauld, dirty shiver doon mi spine and I kent that something wisnae richt, so I came hame.

CAMERON We aa focht like mad, but they were bigger than us.

BEETS Ye are my laddies an I ken fine ye can aa fecht like big guns tae protect yersels.

FIONA Oh, Da, it wis awfie. I wis caught frae behind and the tall Burker didnae hae a lug and I think he wis that Mr Hare wha young Pearl wis telling us aboot.

ROSS I think the real hero o the story is mi brither, Alan. He is maybe the wee yin but he is awfie wise. He kent the power o the horse magic.

ALAN I am nae hero. It's only that I ken how to horse whisper cos I hae spent sic a lot o time wi mi faither and I ken the wirdies tae say. Ye see, Da, I aye listen tae ye and learn frae ye.

BEETS Horse whispering is an auld, ancient airt and I got it frae mi ain auld faither faa got it frae his faither. It is a very useful thing tae hae cos ye never ken exactly whin ye need tae use it. Today definitely wis the richt time tae use it.

Pearl comes back wi her faither and some fairm workers.

PEARL Are ye folks aaricht, cos I got the fleg o mi life whin I saa those Burkers. I thocht that ye wid hae bin murdered.

ROSS Nae fear o that, Pearl, cos we can aa fecht whin wi need tae.

FIONA   It wis a horrible experience cos baith mi mither and me were caught by the Burkers and if it hidnae bin for mi faither and maistly wee Alan, we wid hae bin awa tae Edinburgh by noo.

MR GRAHAM   Did ye get a look o them, Beets?

BEETS   Aye, but I gaed them sic a queer kicking that I dinnae think for a minute that they will attempt tae come back here.

MR GRAHAM   I see that they didnae get their cairt or horses awa. Ye ken they will be sae feart tae try and claim it back cos they will get a hangman's noose aroon their necks for trying tae body snatch. And if ye dinnae wint the horses then I will gie ye five pounds for the horses. Weel, that's if ye dinnae wint tae keep them for yersels.

BEETS   These things are nae eese tae me so I wid rither hae the five rege instead.

The fairmer gies the five pounds tae Beets and the family are aa happy wi getting the money.

MR GRAHAM   Get the twa horses and the wagon ower tae the fairm cos it's aboot time for us folks tae finish aff the last o the jobs o the fairm afore gan tae weer beds. Come on, Pearl, let's get going and ye can see aa yer freens in the morning.

PEARL   Cheerio jist noo and I'll see ye aa taemorrow.

BEETS   Na, I dinnae think so, lassie, cos aifter this experience wi the Burkers, I think I'll keep up tae mi ain side o the country for a whilie. But be assured wi shall be back next simmer.

Pearl goes over and cuddles all her pals and hopes tae see them whin they come back.

NESMORE   Wi shall aa get up early if wi are gang back tae weer ain pairt o the world so I think ye eens should gang awa tae yer kips.

ROSS   Fit aboot the scrubbers ye wanted finished?

NESMORE   Wi can dae that anither time.

BEETS   Weel, bairnies, wi did nae bad oot o this place cos wi got five rege frae the fairmer for the Burkers' horses and that's nae aa. Ye see, I wint pearl-fishing and I will show ye whit I got oot o the river.

Beets taks oot a maist beautiful, rounded, salmon-pink pearl and he shows it tae his family.

BEETS   I can get a few pounds frae the dealer in Brechin on weer wye hame tae Aiberdeenshire. But I also hae anither wee pearl but that yin is for yer nesmore, cos she deserves it. I will pit it intae a ring for her as a token o mi deep love for her.

NESMORE   That is awfie guid o ye, Beets. Mi heart is full.

ALL THE CHILDREN   And we aa love ye as weel, Nesmore.

All the children kiss their parents and retire tae bed. ∾

The children received a rapturous ovation for the display of their creative artistry. It wis a lovely way tae finish aff the last day o the flax.

19

THE AFTERGLOW

Before we actually left Alford mi faither hid tae see a fairmer at Whitehouse, near Alford, for tae mak a deal tae get a dose o rabbit skins and a load o horsehair as weel. Mi faither wid come oot for it wi a grye and float tae load it up and tak it hame tae the merchants in Aiberdeen. On weer wye back tae oor camping site mi nescal taught mi a lesson so I could benefit frae him in years tae come. He said, 'Manging the Cant, and the Romany, Doric, Gaelic and Lalland, is fine roon the campfire but if ye are gan tae mang tae the bean rannie hantel then ye must mang in a clear, distinct, reverent language cos the gentry widnae ken whit ye were whidden. It is easy tae spik in a reverent language by using words like "yes", "please" and "thank you" and ye must aye address a gentleman as "sir" and a lady as "maam" and ye dae that as a habit tae shopkeepers, postal workers, doctors, lawyers, professors and nurses or onybody in authority like policemen or civil servants.'

He telt me, 'During the First World War, I wis liked by aa the officers cos I spoke tae them in a reverent language and because o mi great army training I can mang tae the toff hantel and that's why I get the contracts frae the landed gentry because

I can talk the talk and ye must learn tae whid in the reverent language.'

That wis a thing I was taught frae mi faither over saxty years ago and noo I wid like tae write a wee story tae honour mi faither and although it wis a lang time ago I can look back upon the occasion wi many nostalgic memories and recall the poignancy o that special nicht and I will write it in reverent language tae pay tribute tae a great father and een o mi folk heroes.

MAGNIFICENT SUNSET

In the summer of 1946, my father, William Robertson, secured a contract to gather in the harvest of flax in the Vale of Alford. Alongside the harvest work the Travellers plied their own trade of collecting woollens, rags, metals, horsehair and rabbit skins. At the end of the season the Travellers sold off all their collected materials to correspond with the harvest wages being paid out in bulk. The Travellers were well off after a season's work.

I recall my father and I were coming home one twilight evening in late summer and the scene before us was unsurpassed in beauty and grandeur. The sun was like a huge scarlet globe reclining westwardly in the hinterland, painting the landscape with myriad colours. There were golds, reds, browns, oranges and yellows being embroidered amid the deep purple hues of the heather within the Vale of Alford. It looked as though Constable had painted a pastoral evening masterpiece. If there ever had been such a night then it surely must have been the evening when Mr Gray had been inspired to write his famous 'Elegy'. Mother Nature had surpassed herself.

The beauty that I surveyed gladdened my little heart. My

father's spirits were elevated. He was dressed in an open-necked tartan shirt and that was most unusual for my father because he was always dressed with a collar and tie. This style of dress revealed his strong military nature. This was the first time I ever saw his neck bared. He sported a checked bonnet and he started to sing a cowboy song. My father was a very accomplished singer and the song he sang was a song made famous by an old cowboy singer, Smiley Burnette. He was the sidekick of the Durango Kid. Some of the words went:

When it's twilight on the trail, not a care have I in this world,
So dark as night I have a ceiling full of stars for my home.
I never had a penny in my pocket, I never had a debt to pay,
But I'm always happy and contented as if I was born in May.
When it's twilight on the trail, not a care have I in this world,
Be dark as night, I have a ceiling full of stars for my home.

We passed by the home of a gentleman, who was out in his front garden, admiring the wonderful display that Nature had given for our great pleasure. The gentleman said unto my father, 'What lucky people you are. You just lift sticks and go where you please. You have no responsibilities; you never work but just live like the man in the song that you were singing about. You come and go as a bird and you have to answer to nobody.'

My father looked into the gentleman's face and said, 'Not exactly true! You see I have fourteen children and a wife to support and I have a responsibility to them for their physical, moral, spiritual and temporal welfare. Now that is a daunting prospect.

'When I was sixteen I enlisted in the Cameronians as a piper and gunner. I was the company piper so I led the men into the battles. I was involved in trench warfare and I fought at the

Battle of the Somme. During the interim years of peace I was a piper and gunner in the Gordon Highlanders Territorial Army. Then when war was declared in 1939, my brother and I were the first two down at the recruiting office and again I served as a corporal in the big guns. I have my medals to prove it.

'As for working, well, I have been a farm servant, labourer, policeman, and prison warder at Craiginches Prison, cinema manager and lifeguard for the City of Aberdeen. It is true my wife and I were both born in tents on the roadside of the Dee and the Don and we have an affinity with the land. That's what makes us real traditional Travellers. We both love the open road very much, therefore, our lives depict our great love for the roads.'

The gentleman looked completely surprised by my father's reply. Strangely, many non-Traveller people believe that Travellers just up and leave as the notion takes them but that is far from the truth. Like ancient matriarch elephants of the Namibian desert, they have memorised well-trodden paths and they know instinctively exactly where they are going. They do not wander aimlessly but rather they have somewhere to go and these people live their lives as they have done for eons. ᴖ

The Travelling races are a remarkable people and there is much others can learn from them by studying their lives and times.

GLOSSARY

Key to word origin: (c) Traveller Cant, (d) Doric,
(g) Gaelic, (s) Scots, (r) Romany

bachel (g) useless person

bachle (c) shoe

barrie (c) good

bean rannie (c) gentry,
aristocratic

booriccy (d) gathering

bosie (d) cuddle

breed o the Blustrums (c)
derogative comment

bumbee coat (c) short jacket

bung avree/fake avree (c) went
away

cane (c) house

cann mor (g) big head or leader

chatry (c) miscellaneous items

chavie (c) chavie

cheil (d) man

chored (c) stolen

cleek (d) gathering; (s)
boyfriend/girlfriend; (c) hook

collibag (d) being carried by
another on their back

connached (c) spoiled, i.e. to
spoil a child

coochted (c) sitting in or by

corrach (c) idiot

croaked himself (c) committed
suicide

culloch (g) older woman

dancers (c) stairs

darriach (c) smack

dattach (c) useless person

dech (c) bread

deek (c) look

deem (d) woman

dilly (c) young lass

dinley (c) stupid person

doorick (c) sulky person

drooshie (c) dry in the mouth
and throat

duke's yarrows (c) duck's eggs

eem (c) butter

fammel (c) fingers

fay (c) and (g) person with the
gift of foresight

Fikie (r) carnival Gypsies

fizog (d) face

flattern (c) fish

fleg (d) frightened

gadgie (c) man

gannie (c) hen

garroosk (d) a lot

glimmer (c) fire

gomeral (d) silly person

goor (d) dirt

grye (c) horse

guffie (c) pig

gulder (d) shout

habin (c) and (r) food

hantel (c) people

hid the Maisie (c) had the Muse

hinnae back (d) long ago

hogsticks (c) shilling

Holland sark (s) shirt made from high-quality material

hoolet (d) owl or hermit

hornies (c) police

howdy (c) midwife

hud yer wheest (d) keep quiet

jeer (c) rubbish; arse

jigger (c) door

juckal (c) and (r) dog

keep stoom (s) keep quiet

keich (s) poo

keir (c) house

kenchins (c) children

latha (g) day

leevich and screevich (c) and (g) read and write

lintie (s) bird

lodney (c) prostitute

loon (d) young boy

lowdy (c) money

magalion (c) evil person

manashee (c) woman

mang (c) speak

monteclara (c) water

mooliegrabbed (c) killed

mort (c) woman

mountbank (c) deformed person

moy (c) face

mugnies (c) protective material around shoes

napper (d) head

nescal (c) father

nesmore (c) mother

parries and pulichers (c) lice

peelicher (c) to murder

peeve (c) alcohol

pluchie (c) country person

potachin (g) old man

prechum (c) lie

puckly (d) few

quine (d) young girl

rege (c) pound note

rodan (d) rowan tree

sannie (d) earthy

scaldie (c) non-Traveller person

seanachie (g) storyteller

seemit (d) vest

shan (c) bad

sheltie (c) horse

GLOSSARY

skeelipers (c) evil creatures

slab (c) tea

slum (c) sleep

smackery (d) sweets

smoderick (c) drizzly rain

smore (d) smother

soorick (c) herb; downcast person

speared (d) spoke

spey wife (s) wise woman

spooch (c) look for

spracher (c) beggar

squealing (d) schooling

stardie (c) prison

strides (c) and (s) trousers

swicked (d) cheated

tattieboggle (s) scarecrow

techies (c) shoes

teer o lip (d) cheek

the moran (d) tomorrow

the rick mi tick (c) all and sundry; anybody

thrapple (c) throat

tightner (c) feast

toich (c) bad smell

trampler (c) foot

trash (c) frightened

tuggery (c) clothes

vardo (r) and (c) caravan

wallie (c) quagmire

wambling koocavie (c) boiling kettle

weams (c) stomach

yaks (c) eyes

yerim (c) milk

yodling and boufing (c) bad smell

195